花園大学人権論集 25

花園大学人権教育研究センター 編

広がる隣人との距離

制度の狭間で見えなくなる困窮

Human Rights Thesisses in Hanazono University

批評社

はしがき

本書は、花園大学人権教育センターの出版物の中で市販されているシリーズ『花園大学人権論集』の第二五巻です。本書では、二〇一六年一二月に開催された第三〇回花園大学人権週間における講演三本と、二〇一七年度の公開研究会での講演四本を収めており、センターのほぼ一年間にわたる人権についての取り組みを大学内外に発信するものです。

この一年間のセンターの活動の特徴としては、公開研究会が一〇〇回目の節目を迎えたことです。振り返りますと、第一回目は、一九九二年一〇月に開催され、中尾良信先生（本学文学部教授、センター前所長）が「仏教の戒律と人権」というテーマで報告されています。そして、今年二〇一七年七月の記念すべき第一〇〇回目は、奇しくも第一回目と同じく中尾良信先生が「つまづきの石――曹洞宗の差別事象をふり返る――」と題して報告されました。

第一回目から今日までの報告者、演題等は、花園大学ホームページの人権教育研究センターのコーナーですべて見ることができますが、差別、宗教、メディア、障害者、貧困、原発など、まさしく私たちが生きていく上で、向き合わねばならない様々な事象に関わる多様なテーマで報告されています。これらのテーマを一瞥すれば、時々の時代背景が投影した人権状況の変遷を見ることができ、人権に関する貴重な記録の一つと言ってもいいでしょう。センターが、このような取り組みを、約二五年間、四半世紀にわたってうまずたゆまず継続し、それを公刊して世に問うてきたことは、ささやかではありますが、人権にかかわる貴重な営為として自負してもよいことだと思っております。

さて、二〇一七年の一年間は、アメリカのトランプ大統領の登場に始まり、北朝鮮による度重なる弾道ミサイル発射による緊張の高まりなど、かつてない戦争の危機が深まった一年でした。そして、こうした平和への危機を考える上で、日本に五四基もの原発があることは留意すべきことです。人権週間や研究会でも原発の問題はたびたび取り上げられています。東日本大震災時の福島第一原発の事故を見るまでもなく、原発が私たち人類と共存できない危険極まりない存在であることはもはや公知の事実となっています。万々一、朝鮮半島が戦争状態になり、国内にある五四基の原発の二～三か所でも攻撃されれば、日本が壊滅状態になることは必至でしょう。こうした危険と隣り合わせにある我が国が、北朝鮮に対して、アメリカべったり、対北朝鮮への「圧力」一辺倒の外交でいいはずはありません。対話と交渉による緊張緩和こそが危機回避の道であるはずです。

幸い、今年は、国連で核兵器禁止条約が圧倒的多数の国の賛成で採択されました。長年にわたる反核、原水爆禁止の運動が結実した素晴らしい成果といってよいと思われます。

ノーベル平和賞を受賞したＩＣＡＮ＝核兵器廃絶国際キャンペーンのベアトリス・フィン事務局長は、二〇一七年一二月一〇日ノルウェーのオスロで行われた授賞式の演説で、次のように述べています。核の脅威に侵されている私たちに対して実に的確な指摘がなされていますので、少し長くなりますが引用します。


――核兵器の物語には、終わりがあります。どのような終わりを迎えるかは、私たち次第です。核兵器の終わりか、それとも、私たちの終わりか。そのどちらかが起こります。

――私たちが核戦争を回避してこられたのは、分別ある指導力に導かれたからではなく、これまで運がよかったからです。私たちが行動しなければ、遅かれ早かれ、その運は尽きます。

――今日世界に存在する核兵器のごく一部が使われただけでも、火災旋風の煤煙が大気圏高くに届き、地球の表面に十年以上にわたり冷却、暗黒と乾燥をもたらします。それは食料作物を消し去り、何十億もの人々を飢餓の危機にさらします。

――被爆者たちは、この核兵器の物語の始まりを経験しました。私たち皆に課せられた課題は、彼らがこの物語の終わりをもその目で見ることができるようにすることです。

――今日、化学兵器を保有することを自慢する国はありません。神経剤サリンを使用することは極限的な状況下であれば許されると主張する国もありません。敵国に対してペストやポリオをばらまく権利を公言する国もありません。これらは、国際的な規範が作られて、人々の認識が変わったからです。そして今、ついに、私たちは核兵器に対する明確な規範を手にしました。歴史的な前進への一歩は、普遍的な合意で始まることはありません。署名する国が一つずつ増えて、年を重ねるごとに、この新しい現実は確固たるものとなります。これこそが進むべき道です。核兵器の使用を防ぐには、ただ一つの道しかありません。核兵器を禁止し廃絶することです。（ＮＨＫニューズＷＥＢ　ノーベル平和賞授賞式　ＩＣＡＮ事務局長　演説全文より）

私たちのささやかな日常は、平和あってのものであることは余りにも明らかです。毎日、仕事や子育て、家事を行い、家族と語らい、仲間と遊び、そして、ちょっとした幸せを感じることは当たり前のことかもしれません。私たちは、平和憲法に守られ、そのことのかけがえのなさを感じていないのかもしれません。しかし、そうした庶民の何でもない日常生活が現実に脅かされているのが昨今の状況ではないかと思うのです。それは、北朝鮮をめぐる緊張の高まりとともに、国内においては、平和憲法を変えようとする動きによっても脅かされていると考えざるを得ません。私たちは、こうした国内外の危機を乗り越えるために、さらに人権を守る活動を強めなければならないと思っています。

本書の出版に当たっても、批評社には格別の労をとっていただきました。出版事情の厳しい折に、本書出版の意義をご理解下さった編集スタッフをはじめとする関係者に対して、厚くお礼を申し上げます。また、本書出版の意義を認めて格別の助成をくださった花園大学執行部にも、深甚の謝意を表します。

二〇一八年三月

花園大学人権教育センター所長（社会福祉学部教授）　吉永　純

広がる隣人との距離

――制度の狭間で見えなくなる困窮

花園大学人権論集㉕

もくじ

釜ヶ崎から日本の貧困を考える

生田武志

●活動をはじめたきっかけ

みなさん、こんにちは。僕は三〇年前、一九八六年から野宿者の支援活動をしています。毎週夜回りをします。難波とか心斎橋とか天王寺とか、大阪には野宿の人がいっぱいいて、公園で寝るところをつくったり、ダンボールを集めたりしています。釜ヶ崎とその周辺では、今でも四~五〇〇人が野宿をしていて、その人たちに声をかけていきます。また、野宿者ネットワークの電話に相談の電話がかかってくるのでその相談に対応をしたり、行政と交渉したりしています。こういう活動をしていますが、ボランティアで全くお金は入りません。僕も、いろんな仕事をしながら活動しています。

僕がこういう活動を始めたのは今から三〇年前の一九八六年でした。その頃、京都の同志社大学にいたんですが、テレビを見たらたまたま釜ヶ崎の冬の夜回りをやっていたんですね。釜ヶ崎は、「あいりん地区」という名前でも知られていますが、大阪市の南部、環状線でいうと新今宮駅、地下鉄では動物園前の近くにあります。ぐるっと回っても三〇分くらいのそんなに大きな町ではありません。そこに当時から毎晩四~五〇〇人の人たちが野宿していました。

なんでそんなに多くの人たちが野宿しているかというと、その多くは日雇い労働者で、釜ヶ崎の労働者は、朝二時、三時に起きて新今宮駅前にある、「あいりん総合センター」に仕事を探しにいきます。そこには人材派遣業者、僕らがいう手配師の人たちが、多い時には車一〇〇台くらい並べて労働者を待っています。車にはプラカードが張ってあって。労働条件を書いています。「京都市内建築土木　九〇〇〇円」とか「神戸市内　解体　一〇〇〇〇円」。労働者はそれを見て、自分が行きたい仕事を見つけると「この仕事、私、いきます」と立候補するわけです。すると、手配師は労働者を見て「あんた、だめ」「あんた、車乗って」と労働者を選別します。どういう人が車に乗りやすいかというと、若くて健康な人が選ばれやすい。「この人、歳取っているな」「この人、体弱そうだな」という人は「あなた、いりません」とはねます。

運よく仕事を見つけた人は、たとえば京都で一日建築土木の仕事をして、九〇〇〇円もらって、夕方、終わりとなります。逆に仕事がなかった人はぶらぶらするしかないわけです。通天閣のあたりにいったら、よく作業服を着て歩いているおじさんを見たことがあると思いますけど、それって、基本的に仕事がなかった人なんですよ。

なぜこういう形態があるかというと、建築土木の仕事は、その日、その日で使う労働者の数は違います。晴れている時は仕事があるけど、雨が続くと外の仕事が止まってしまいます。そして、景気がいい時は仕事があるけど、景気が悪くなると仕事がなくなってしまう。また、大きなプロジェクトがある時は仕事がいっぱいあるけど、それが終わったら仕事がなくなってしまう。

建築土木の会社は、こうして仕事が多かったり少なかったりするのを、正社員だけで調整するのは無理だと考えました。そこで、仕事が多い時は釜ヶ崎にいっぱい車をつけて労働者に声をかけて働いてもらう。逆に、仕事がない時は釜ヶ崎に車をつけるのをやめます。「今日、仕事ありません、好きにしなさい」というわけです。つまり、労働者の調整弁として日雇い労働者を使うわけです。

当然ですが、仕事がないと収入がなくなります。収入がないとだんだん貯金がなくなって家賃が払えなくなって野宿になる。日雇い労働者というのは「今日、仕事があるかどうかわかんない。明日、仕事があるかどうかわかんない」という究極の不安定雇用です。怪我とか病気になっても、たちまち仕事がなくなります。こうして、仕事が不安定な人が失業しやすくて、仕事がなくなった人は貧困状態になって野宿になるというパターンが釜ヶ崎でできていました。このために釜ヶ崎は日本で一番、日雇い労働者が多く（一番多い時は三万人いました）、一番野宿者が多い町になりました。

健康状態も悪くて、釜ヶ崎の結核罹患率は南アフリカやカンボジアよりも二倍近く高く、「世界最悪の結核感染地」と数年前に報道されました。貧困状態で栄養状態が悪く、さらに野宿など不安定な生活ということもあって、世界最悪の状態で結核が広がるのです。病死や餓死も多くて、初めて釜ヶ崎にいった頃、釜ヶ崎では毎年一年間に四～五〇〇人が、路上死しているといわれていました。

話を戻すと、学生のときに、そうした釜ヶ崎のようすをテレビで見たわけです。真冬の夜回りのようすも写していて、一人ひとりに声をかけて、「この人、病院にいかないとどうしようもないな」という時にはいっしょに病院にいって入院してもらい、「この人は働くのが無理だな」という時にはいっしょに役所にいって生活保護の手続きをとるという活動をしていました。

それを見た時、「日本もこんなところがあるんだ」と思って、びっくり仰天したんですね。僕は、千葉県で生まれて岡山県で育って大学は京都にいったんですが、自分の周りで野宿をやっている人って見たことがなかったんです。京都から釜ヶ崎は一時間半なので、「そんな距離なら行ってみて、ボランティアをやってみよう」と思ったのが最初です。

その頃は僕も、豊かな日本でわざわざ野宿をやっているのは僕らとは相当考え方が違うちょっとへんな人だろうと思っていたんですが、実際にボランティアにいって何百人もの野宿の人たちと会って話をすると、すると全然、様子が違ったんですね。当時も今も、野宿している人たちの多くはアルミ缶などを集めて生活しています。みなさん、大阪にいったらビニール袋にアルミ缶をいっぱい詰め込んで背中に背負って自転車でサンタクロースみたいに走っているおじさんとか、リヤカーにダンボールいっぱい詰め込んで引っ張ったりしているおじさんを見ることがあると思いますが、あれは基本的に仕事をしているんですね。ダンボールやアルミ缶を業者に売りにいったらお金になります。

さてみなさん、アルミ缶とかダンボールは売ったらいくらになると思いますか。リサイクルとかでやることがあると思います。京都とか大阪とか地域によって違うんですけど、アルミ缶を売ったら一個いくらになる？「一個三円」という答えがありました。「一個一〇円」。君は？「一円以下」。一円以下と三円と一〇円と答えが出ました。

答えは時期によっても違うんですが、アルミ缶一個で二円くらいですね。アルミ缶一〇〇個集めて二〇〇円。一〇〇〇個集めて二〇〇〇円です。あちこちから一個一個集めてくるので本当に大変です。八時間とか一〇時間やると一〇〇〇個集まります。アルミ缶集めは日給で二〇〇〇円、時給で二〇〇円くらい。今時、高校生がマクドナルドでバイトしても八五〇円くらいですから、その四分の一にしかなりません。

ダンボールはいくらでしょうか。古紙回収とか新聞紙を集めることがあると思いますけど、紙は一キロでいくらでしょう。「一キロ一円」。君は？「〇・五円」「一〇円」。近い答えも出ていますが、今は紙一キロ六円くらいですね。ダンボールは一〇〇キロ集めて六〇〇円です。一枚ずつ集めてくるので、これも一〇〇キロ集めるのは大変です。ダンボール集めは一日の稼ぎが六〇〇円で時給六〇円です。とんでもない低賃金の重労働です。

僕が会った人で、九三歳でアルミ缶を集めている人がいました。その人は、戦争にいったんです。生きて帰ってきたんだけど、自分の故郷に帰ったら自分のお墓が立っていたらしい。戦死扱いにされていたわけです。それはわかっていたんだけど、自分が生きるのが最優先なので、戸籍のことはほっておいて、ずっと働いてきた。歳とってからいよいよ仕事できなくなって、役所に相談にいったんですって。「もう歳とって働けないので助けてください」と。役所の人は「あなたは死んでいます」といって相談に乗ってくれなかったらしい。

その人は仕方なく、通天閣の下でリヤカー引っ張ってダンボールを集めて三年間くらい生活していました。通天閣にいった人は見たことがあると思います。僕らも心配して「おじさん九〇いくつなんだから、僕らといっしょに役所にいったら生活保護をとってアパート入って暮らせるから、そうしましょうよ」とすすめたんですが、その人は「アルミ缶を集めて自力で生きていけるので、まだがんばる」といって二、三年、野宿していました。しかし、ある時バッタリ倒れてしまったんです。後で周りの野宿の人たちが教えてくれたけど、救急車に乗って、それから帰ってこなかった。いま、入院しているのか、どこかで亡くなったのか、元気でいるのかわからなくて心配しています。

そういう人は結構多くて、さすがに九〇代の人はめったにいませんが、七〇代、八〇代の人でアルミ缶集めている人は結構います。そういうのを見ていると、世の中を器用に渡っていけない正直な人が野宿しているんじゃないかという気がしました。学生の時の僕は、「日本では正直者が野宿しているんだな」とびっくりしたんです。それから活動にはまって、大学三年の四月から行き始めて、大学後半の二年間は京都にいるより釜ヶ崎にいる方が長かったですね。卒業する時、どうしようかなと思ったんですが、結果的に釜ヶ崎に残って「同じ生活をしないとわかんないこともあるだろう」と思って自分で日雇い労働を始めて土方しながら空いている時間に野宿者の支援活動をしていました。三〇年間、そんなことをやっています。ただ釜ヶ崎の日雇い労働は今、ほとんどなくなったので、肉体労働は数年前にやめて、今はいろんなバイトをしながらやっています。

ただ僕がみなさんの頃、こんなことをやるとは思っていませんでした。もともと中高の頃はピアニスト志望で、一日三時間くらいピアノを弾いている音楽少年だったんですよ。高校終わって音大にいこうと思ったんですが、高校三年の時に「音楽も、ちょっと違うかな」と思って普通の大学にいきました。みなさんも今、あれをしたい、これしたいと考えていると思いますが、今考えていることと将来に実際やることは結構違ったりすると思いますね。

●全国の「釜ヶ崎化」

僕が夜回りを始めた頃、日本で野宿の人は一〇〇〇人くらいでした。釜ヶ崎が一番多くて五〇〇人くらい、あと東京、横浜とかで数百人。その後、どんどん増えていって、一番多い時は全国で四万人くらいが野宿するようになりました。それは七、八年前で、そのころ、大坂城公園や長居公園には五〇〇人くらいのテント村がありました。その後、野宿の人も生活保護を受けやすくなったのでだんだん減ってきて、今一〜二万人が野宿している状態だと思います。いずれにしても、昔と比べると一〇倍、二〇倍に増えているわけですね。野宿している地域も増えて、昔は大都会にしか野宿者はいなかったんですが、今は北海道から沖縄まですべての都道府県に野宿の人たちがいる状態です。

札幌でも野宿しています。札幌には二回夜回りにいったことがあります。前にいった時は二月一〇日の札幌の雪祭りをやっている頃で、その時期の札幌は夜はマイナス八度、明け方はマイナス一二度になります。冷凍庫の中くらい寒いです。そんなに寒かったら人間が野宿なんかできるわけないと思うんですが、夜回りに参加すると、札幌駅の周りに一〇〇人くらい野宿していました。見ていてほとんど信じられなかったです。

札幌で野宿している人たちは、「寝たら死ぬ」といっていました。「ちょっと横になっているだけだ」と。「どうやって寒さをしのいでいるんですか?」と聞いたら、一人は「ドンキホーテを歩き回っている」と言っていました。ドンキは暑いくらいに暖房がかかっているので、歩き回っていると死ぬことはない。ドンキは五時になると閉まるんですが、五時半になると札幌のバスセンターとか駅で暖房がかかっているから座って寝ているといっていました。「どうやってご飯を食べているんですか」と聞くと、粗大ゴミのところにいってパソコンを拾ってきて業者に売ったら三〇〇〇円になったとか、大きな本棚を見つけてリサイクル業者に売って生活をしていると言っていました。ただ、札幌なので、お弁当を買ってきて朝まで外に置きっぱなしにしているとカッチンコッチンになってしまって食べられないとか、大変そうでした。

これはある意味では全国の「釜ヶ崎化」といえます。釜ヶ崎では仕事が不安定な人が失業しやすく、失業した人が貧困状態になって野宿になるという状態でしたが、これが全国に広がっているわけですね。今、雇われて働いている労働者の四〇％が、パートとか派遣とかアルバイトとかの非正規です。いま、フリーターが日本に六〇〇万人いるわけですが、フリーターは日雇い労働者といっしょですよね。まず、いつクビになるかわからない。怪我や病気をしたら一巻の終わり、歳をとったら給料が上がるどころか仕事がなくなってしまう。もう、日雇いそのものです。

こうして、釜ヶ崎の日雇い労働者と同じパターンで野宿になる人が全国で増えました。労働者の四〇％が非正規ということは、日本の三分の一が釜ヶ崎になっているようなものです。そういう変化があったと思います。

野宿している人の様子も変わってきました。それには二つあって、一つは女性の増加、もう一つは若者の増加です。昔、女性の野宿者はあまりいなかったのですが、徐々に増えてきて、数年前の全国調査では野宿者の七％が女性となっていました。一〇〇人野宿していたら七人が女性です。

そんなことをいっても女性のホームレスを見ることはないじゃないかと思う人がいるかと思いますが、女の人は危ないので、隠れて寝ていることが多いです。マンションの非常階段は夜、誰も使わないので、マンションの非常階段の踊り場で寝ていたりします。ただ、そういうところで寝ていたら、いくら夜回りしても見つからないです。あるいは、夜は繁華街を歩き回って昼は公園のベンチで寝ているとか、ビルの隙間に毛布詰め込んで寝ていたとか、そんな感じで目立たないように寝ています。

女性が野宿になる理由ですが、一つは失業です。仕事がなくなって、家賃が払えなくなって野宿になる。もう一つ女性が野宿になる原因があって、DV、ドメスティック・バイオレンスです。夫の肉体的、精神的暴力がひどくて、我慢して我慢して最後、死ぬと思って逃げ出します。自分の実家とかきょうだいのところに逃げればいいんですが、夫が追っかけてきて連れ戻されるので、パターンとしては、お金をもてるだけもって子どもの手を引いて逃げ出します。最初はホテルに泊まって、お金がなくなると二四時間レストランに親子で座っていて、いよいよお金がなくなると公園のベンチでしょんぼり親子で座っていて僕らと出会うというパターンです。

東京と大阪と京都で同じようなパターンの一家の野宿がありました。お父さんが失業して家がなくなって、お父さんとお母さんと子どもたちが車の中で野宿しているという事例です。子どもたちは車の中から小学校に通っていたけど、学校の先生は一カ月以上気がつかなかったそうです。子どもたちの間では「あいつんち、車に住んでいる」と噂になっていたんですけど、親にも先生にも一切いわなかったらしい。それで発見が遅れた。最終的にわかって地域の福祉につないだそうです。こういう、家族の野宿は今後も増えていく可能性は高いと思います。

もう一つの変化は若者です。二〇、三〇代の野宿者はあたりまえですし、一〇代も時折野宿している感じです。僕はいつも野宿者ネットワークの携帯電話をもっていますが、特にここ数年、若い人からの相談が増えました。

どんな相談があるかというと、「私、二〇歳なんですけど、派遣労働やっていましたが、仕事がなくなって家賃が払えなくなって今日から寝るところがありません。どうにかなりませんか」。京都の北の方の人で「私、二九歳の女ですが、大学院を出てから研究員として研究所で勤務してきましたが、予算カットでクビになってしまいました。それから、コンビニとかでバイトしてがんばっていたんですが、腰を悪くして、そのバイトもできなくなってしまいました。昔の友だちのところで食べさせてもらっていますが、それも一年経つので限界です。何とかなりませんか」。一年間も面倒をみた友だちも偉いなと思いました。

元旦には二〇代の夫婦から相談があって、大阪の北の方で派遣をやっていたんだけど、仕事がなくなって家賃を払えなくなり、一二月三〇日に家を出ました。その晩はネットカフェで泊まって、大晦日の晩、いよいよ行くところがなくなって、大阪駅のトイレで年越しをした。洋式トイレは温かいので、座り込んで、男女別々で年越ししたんです。元旦になって、いよいよ困って、ケータイで「ホームレス支援」で検索するとうちの電話番号が出て、元旦の昼間に相談の電話がかかってきました。僕たちは、元旦は野宿者の人たちと餅つきをやっていますが、話を聞いて、ちょっとまだお金があったので新今宮にきてもらって会って話をしました。当然ながら、二人とも疲れきった顔をして、そして女性は妊娠していました。こんな感じで若い人から相談がかかってきます。

そういうとき、僕は「実家に帰るのは無理なんですか?」と聞くことにしています。若くして野宿になっちゃう人の家庭環境は二つあります。一つがひとり親家庭、母子家庭。「私の家は母子家庭で私の他に四人きょうだいがいて生活保護を受けている状態です」。帰っても部屋がなかったりするし、生活保護の家庭に若者が入るとケースワーカーから「その人に働いてもらって生活保護を早めに切れ」と迫られたりします。

また、「私の家は母子家庭で再婚して義理の父親がいるんですが、義理の父親と私の関係が非常に悪く、あの家にはとても帰れません」。これも多いパターンです。たまに相談にきた人の親と電話で話をすることがあるんですが、「あの子には決して帰ってきてほしくありません。あの子には死ねと伝えてください」と親がいうこともあります。何があったんだろうと思いますが、話を聞くと、借金とか家出とか、いろんなことがあったんですね。

あともう一つ野宿になりやすい若者の家庭環境は虐待です。「私の家には今、お母さんとお兄さんがいるんですが、お母さんは覚醒剤依存で、お兄ちゃんの殴る、蹴るの暴力が激しく、あの家に帰れません」「私の家には今、お父さんがいますが、私は小さい時からお父さんの殴る、蹴るの暴力が激しく、あの家には死んでも帰りません」。

若者には、貧困状態の人が多いじゃないですか。フリーターの平均年収が一〇六万円というデータもありますが、普通なら一人暮らしはできません。だからもっと多くの若者が野宿になってもおかしくないはずですが、でも、日本では若者の野宿はそれほど多くない。多分、日本の若者はお金がなくても実家に住んでいるからです。あるいは、親から仕送りがあるからです。実家に住んでいる限り、怪我をしようが、病気をしようが、失業しようが、とりあえず野宿になることはない。それで何とかなっているんだと思います。その中で、実家自体が貧乏だったり、実家に暴力があったりして、親を頼ることができない若者が野宿になりやすいという状態です。

野宿になりやすい若者の背景の一つに奨学金があります。最近、相談にくる人の多くが奨学金を抱えています。奨学金は正社員とか公務員になったら普通に返せるけれど、なれなかったり、一回なっても親の介護などでやめないといけない人もいます。再就職しようとしてもできなかったり、それで月三、四万の奨学金を返せなくなって、家賃滞納して家を失うというパターンがあります。

それから多いのは発達障害です。相談にくる人のかなりの割合の人に発達障害があるという印象があります。たとえば、聴覚過敏があって職場の周りの音がうるさくてやめる、アパートで近所の人の音が煩いとかでトラブっちゃうことがあります。

僕らはそういう人たちがくると相談にのって解決策を考えます。基本的に若者が相談にきたら出口は二つしかありません。一つが生活保護。若くても生活保護を受けることができるのでアパートに入ってもらって生活保護をもらう。もう一つは自立支援センターです。各地に自立支援センターがあって、そこで数ヶ月は衣食住が保障されるので、そこからハローワークで仕事を探します。

相談にきた人には、アパートを訪問したり、施設訪問をしたり、あるいは当事者の寄り合いをつくったりして人間関係をつくっていくんですが、特に虐待は難しいですね。人間関係をつくる能力が全く育っていなかったり、壊れてしまったりしているので、アパートに入ってからも近隣の人とトラブったり、職場で人間関係が続かなかったりします。そのため、ずっとかかわりながら次の方法を考えていくことになります。

●ハウス（家）とホーム（居場所）

野宿の現場にかかわっていろんな問題に出会いますが、頭が痛い問題の一つが襲撃です。野宿の人たちがしょっちゅう襲われています。その内容は、殴る、蹴るから始まって、エアガンで撃たれる、石を投げられる。生タマゴを投げつけるとか、消火器をブシューと噴霧状態にしてダンボールハウスの中に投げこむ。寝ていたら突然、目玉をナイフでグサッと刺された人がいました。すぐ救急病院に運ばれて何時間もかけて手術して、その人は何とか眼が助かったんですけど、ほとんど見えなくなってしまいました。その人は「なんでこんなことをされるか、全く身に覚えがありません」といっていました。

梅田で起きた二〇一二年に起こった襲撃事件は、梅田で野宿をしていた人たちが襲われ、一人は殺され二人が病院送りになり、多くの人がケガをさせられた事件です。この記事が出て、すぐ現場に聞き取りにいったんです。目撃者と被害者から話を聞くことができました。見ていた人によると、「深夜に少年たちがやってきて野宿の人を見つけると、サッカーボールを蹴るみたいに全力で頭を蹴りまくっていた」ということでした。一人のターゲットが終わると次のターゲットに移っていったといいます。その後、犯人は捕まったんですが、犯人は大阪府立高校の一年生と元同級生でした。全員同じ中学の出身で、一人は在学して、他は全員、退学していた状態です。

こうした襲撃の特徴として、一〇代の少年グループであることが多いです。小学校高学年から中高生に集中していて、現場の感覚では九五％が一〇代の少年グループだと思います。

もう一つの特徴として、襲撃事件は夏休みに集中している傾向があります。僕たちが夜回りしている区域で実際に起こった襲撃の中で、二〇〇一年の事件が印象深いので話します。

二〇〇一年七月一九日、朝四時頃、日本橋の路上で野宿者への放火があった。本人の話では、アルミ缶を集めていて疲れて仰向けに寝ていたところ、気づいたら火に包まれて燃えていた。「アハハハ」という高い笑い声が聞こえた。とにかく燃えているズボンとパンツを脱ぎ捨てた。担当医師によると陰部、両足、全身の一〇％の火傷。大体二度の火傷だが、一〇％のうち二％（手のひら二枚分ほどの範囲）は三度の火傷、つまり重傷。

この人は、アルミ缶を集めていて、電電タウンで疲れて寝ていたそうです。気がついたら下半身がバーッと燃え上がった。びっくり仰天して火を消そうとしたんだけど、消えない。ガソリンをぶっかけて火をつけているのでちょっとやそっとでは消えないんです。しばらく、のたうち回っていたんですが、思いついてズボンとパンツを脱ぎ捨てました。油は服についているので、とりあえず体の火は消えたといっていました。すぐ周りの野宿の人が救急車を呼んでくれて、病院に運ばれた。

僕らは話を聞いてお見舞いにいって、ご本人からこの話を聞きました。それまで、エアガンで撃つとか石を投げるとかいう襲撃は聞いていましたが、寝ているところにガソリンを撒いて火をつけるというのはびっくりしました。後でわかったけど、もう一件あったんです。この近所で寝ている人が、やはり下半身に放火された。でも、その人ははたいていたら火が消えた。犯人はそれを見ていて「あ、ガソリンが足りないな」と学習して一九日の事件になったと思うんですね。

連続してやっているし、犯人はまだ逃げているから同じことをやるかもしれません。その直後の夜回りで「こんな事件が起こっている。犯人はまだつかまってないから気をつけよう」というチラシを、五〇〇枚くらい野宿のみんなに撒きました。それを撒いたのが土曜日の夜なんですけど、その八時間後くらい、日曜日早朝に、もっとひどいことが起こりました。これも読みます。

七月二九日早朝。日本橋で野宿者への放火。リヤカーで寝ているところへ突然、ガソリン類をかけて火をつけたらしい。現場近くで野宿している人たちに聞いたところ、朝六時頃、「ああー」というすごい声でびっくりして外へ出てみると、火のついた状態でSさんが走ってきた。慌ててみんなで水をぶっかけたり布団でくるんだりして火を止めた。担当医師によると全身三五%の火傷。一八%は三度の火傷。救命できるかどうかというところ。

これは、リヤカーで寝ているところに、全身にガソリンをぶっかけて火をつけたようです。小さな新聞記事になって、それを読んで僕が夜回りをやっているところだとわかって、すぐ病院を聞き出してお見舞いにいってきました。事件の二日目にお見舞いにいきました。ただ、まだ会える状態ではなかったんですが、見ると、ほんとうに体中焼けていました。顔も腕も足も全部焼けちゃっている。それを見て、犯人は遊び半分ではなく完全に殺す目的でやっていると思いました。

人間は皮膚の三分の一が焼けると大体死にます。この人は三五％焼けたので危なかった。でも、その後、手術を何度か繰り返して何とか助かりました。人間のお尻の皮膚は再生しやすい。自分のお尻の皮膚を薄く剝がして貼っていったそうです。そういう手術を何度か繰り返して、何とか助かりました。我々はちょっと火傷しても死ぬほど痛いじゃないですか。この人はこんな火傷をしているので、意識を落とす強い薬を打たれていて、その副作用であまりしゃべれなくなっていました。ずっとお見舞いに行ってたんですが、何度行っても無言という状態が続きました。最終的には退院できましたが、障害一級になりました。当然ですが、大きく後遺症が残ったんですね。そして、未だに犯人はつかまっていません。

このように、若者が野宿者を襲う傾向がありますが、なぜ一〇代の少年たちが野宿者を襲うのか、考えてもよくわからないところがあります。こんな話をすると「今どきの若者は」ということになりがちですが、大人の影響もあるんだろうなと思います。中学や高校でこういう話をして、生徒にアンケートをとることがありますが、その中で一番興味深いのは「みなさんの家の人がホームレスについて何かいったことを聞いたことがありませんか?」という質問です。中には「私のお母さんはホームレスの人を見かけると声をかけて、食べ物をあげていっしょに役所にいって相談しています」という生徒もいますが、変な答えも出てきます。一番多いのは、野宿の人を指さして、「あんなふうになりたくなかったらもっと勉強しなさい」と。

あとは「私のお母さんはホームレスから話しかけられても無視しなさいといいます」。「私のお母さんは、ホームレスと目をあわせてはいけませんといいました」。これは、かかわるなという話ですね。親からすると、野宿者と子どもが出会うと子どもが危ないということです。

ただ、実際には野宿の人はしょっちゅう子どもから襲われていますが、野宿者が子どもを襲うということはほとんど聞いたことがありません。ゼロではないですよ。よくあるのは、散々襲われた野宿の人が反撃したら、その人の方が捕まったということはあります。僕は大阪府、市の教育委員会とよく話しますが、ある時、「大阪で野宿の人が子どもを襲ったと教育委員会に報告されていますか?」と聞いたら「そんな話は聞いたことがない」といっていました。つまり、ほとんどないんです。なのに、なぜ「目をあわせるな」ということをいわれるのでしょうか。

今からいうのはいい例ではないですが、わかりやすいので言います。たとえば、みなさんの家の人が「障害者から話しかけられても無視しなさい」と子どもにいったら差別発言ですね。だから、普通いわないと思います。あるいは、親が子どもに「在日の人と目をあわせてはいけません」と言ったら、社会問題になります。だから、普通はいわないと思います。

けれども、主に仕事がなくなって野宿になった、いわば「究極の貧困者」である野宿者に対しては、「目をあわせるな」「話しかけられても無視しろ」という差別発言が結構いわれています。子どもが小さい時からそういうことを散々いわれたら、野宿している人たちとかかわったらいけないんだ、と思うのは無理もないと思います。大人の偏見が野宿者への襲撃を後押ししているということです。

とはいえ、子ども自身の問題も大きいと思います。これは僕が話をした時の中学校三年生の感想文の一部です。

「以前友だちと、バイバイと別れる時、野宿者の人もバイバイといってくれたことがありました。自分に向かって挨拶してきたと思ったのか、そうでないのかは今もわかりませんが、バイバイって心のこもった挨拶ができる人が社会のゴミであるはずがないと思います。あの人のバイバイは今も忘れていません。ビデオで言ってた「ホームレスじゃなかった。ここがホームだった」という言葉が、とても印象に残りました。家も仕事もある人で自分の居場所がない人、そういう人が野宿者を襲うのだと思います。ハウスがあってもホームがない人、ハウスがなくてもホームにいる人、くらべるのはよくないことかもしれないけど、私からみたら後者の方が人間らしい人だと思いました」。

この中三の子がいうのは、家も仕事もある人で、自分の居場所がない人が野宿者を襲う。「ハウスがあってもホームがない人」と書いてますが、野宿の人はハウスがないんですね。普通の意味での家がないとされている。でも、人柄がよくて野宿者同士で助け合ったり、野宿している地域の家のある人とあたたかい人間関係をつくって、「自分という人間が生きていてもいいんだ」という、あたたかい居場所をもっている野宿の人がいたりします。アットホームという言葉があるけど、居場所としてのホームがあるわけです。「ハウス（家）はないけど、ホーム（居場所）がある」ということです。

逆に野宿者を襲う子どもたちは、「ハウスはあるけどホームがない」。夜、帰る家はあるけど、自分が辛い時、そのことを相談できる友だちがいなかったり、自分という人間をわかって受け止めてくれる大人とか同年齢の友だちがいなかったりする。そういう意味で、「自分がこの世に生きていてもいいんだ」と思える居場所がない子どもたちがいます。だから、ハウス（家）あるけど、居場所としてのホームがない。「LESS」は「何々がない」という意味ですが、この中三の子がいうのは「野宿者を襲う子どもたちこそホームのない、居場所のないホームレスだ」というわけです。居場所のない、ホームのない子どもたちが、家のない、ハウスがない野宿者を襲う。これは鋭いなあと思いました。

●一歩一歩の段差づくり

さてどうやって野宿の問題を解決していくか。これについては絵で説明することがあります。掃除しているおじさんがいます。最初はこの状態です。野宿には、ある時、突然なるのではなくて、いろんなきっかけがある。多いのが失業ですね。病気とか怪我で失業する人もいます。女性の場合のようにDVで野宿になる人もいます。ただ、失業したからといってすぐ野宿になるわけではありません。「住むところがなくなる」「家賃が払えなくなる」「貯金がなくなる」など、いろんな段階があります。

そして、最後に何があるかというと、「頼れる人がない」というのがあります。みなさんも、お金がなくなって明日から野宿だ、となると、普通は友だちとかきょうだいとかに借金にいくと思います。「困っているんだ。何とかしてくれないか、ちょっと貸してくれないか」というわけです。最初は向こうも「それは大変だね」とお金を貸してくれるんだけど、二回、三回となると顔が曇ってきて、なんだかんだ理由をつけて断るようになります。無理もないですね。いつまでも金を貸していたら、お互いに野宿になりかねないですから。そして、いよいよ万策が尽きて野宿になります。

でも、本来ならここに網が張ってあって、引っかかれば助かるはずです。これをセーフティネットといいます。ただ、現状では日本ではセーフティネットが穴だらけになっていて、一旦躓くとゴロゴロと下におっこっちゃいます。

たとえば、仕事がなくなった時は雇用保険があって、それを受けながら職業訓練を受けて仕事を探すことができます。けれど、日本は失業者の七九％が失業給付を受けとれていない。この数値は先進国の中できわだって低く、日本の場合は非正規労働者の増加が数値を押し上げています。労働者が失業すると七九％が雇用保険を受けられるのではなくて、七九％がここから落ちるんです。

そして、健康問題では、健康保険がセーフティネットになります。僕は数年前、日雇い健康保険から国民健康保険に変えたんですけど、高いのでびっくり仰天しました。地域によって国民健康保険は違っていて、一番高いのが数年前は寝屋川市でした。四人家族で年収二〇〇万円、月収は一六万円で相当貧乏ですけど、この場合、四人家族が国民健康保険に年間どれくらい払うかというと、五〇万円以上でした。年収の四分の一以上が国民健康保険にとられる。そして、病院にいくと三割負担します。そんなの、払えるわけがないので、国民健康保険を払う人がどんどん減りました。そのため、無保険状態の大人や子どもが増えたんです。国民健康保険は払える人が減ると、それに上積みされ、さらに高くなります。国民健康保険は保険としての機能を果たしてないのではないかと思います。

最後のセーフティネットとして生活保護があります。これが問題で、僕も何度も経験しましたが、野宿の人が生活保護の申請にいくと、みんな役所で追い帰されていました。「あなたには住む家がないじゃないか。住む家がない人は生活保護を受けられませんよ」「あなたはまだ五〇代でしょう。若いから働きなさい」と追い返される。生活保護法にも憲法にも「住所がないとだめ」とか「年齢」のことは書いてない。住所がないくらい困っている人は真っ先に生活保護を受けられるべきだと思います。でも、役所の人がウソをいって追い返していたわけです。よく言われる水際作戦です。

この結果、釜ヶ崎の人は年間何百人もの人が路上死していました。以前に比べるとかなり改善されたので生活保護を受けやすくなっていますが、相変わらず野宿者の人がいっても役所で追い返されていることは続いています。そして最終的に野宿になります。

そして、ここが問題なのですが、いったん野宿になると、元の生活に戻ろうとしても壁があって、どうしても元の生活に戻ることができません。いろんな難しい状況を全部クリアしないといけないので元の生活に戻れない。何が難しいかというと、まず、さきほど言った「福祉事務所の水際作戦」があります。

そして、「就職しても給料日までの生活ができない」。お金がなくなると就職できないですよね。手持ちのお金が三万円で就職できたとします。今度お金が入ってくるのは次の給料日です。一カ月以上かかるんですが、その間どうやって生活するか、という問題があります。野宿の状態だったら、毎日、アルミ缶とかダンボールとか集めて毎日何百円かお金が入ってくるけど、うっかり就職すると、もうお金が入ってきません。会社で九時から六時まで仕事して、それからまた八時間、ダンボール集めるのはしんどいでしょう。せめて一〇万くらいのお金がないと就職できないという問題があります。

そして、「住所がないと会社やハローワークは相手にしてくれない」「保証人がいないとアパートに入居できない」「資格技術がないと低賃金の仕事しかない」「社会への信頼を失っている」こんな問題が積み重なって元の生活に戻ることができないという問題があります。

それでは、どうすればいいかというと、話は簡単で、壁になっているなら段差をつけて階段をつければいいわけです。そしたら、一歩一歩登っていけます。具体的に言うと、役所が追い返すなら「僕らがいっしょにいきましょう」と。役所は支援者の人がいくと態度が変わるので、これでなんとかなります。お金がない人は「お金を貸しましょう」。月々返すという方法があります。僕らは、実際にお金を貸すことがあります。相手によりますが、大体返ってきますね。たまに返ってこないけど。

住所がない人は「生活保護でアパートに入って、それから仕事をさがす」のが現実的です。「自立支援センター」を紹介してそこに入ってもらう方法があります。保証人は「僕らが保証人になり、緊急連絡先が対応します」。資格技術がなく低賃金の仕事しかない人については、行政がやっていますが、

「職業訓練」を受ける、その間の生活費は行政が出す。これがある程度、効果的だと思います。自暴自棄になった人は難しいですが、「人間関係をつくる、再構築をして社会への信頼を回復していく」しかないでしょう。

僕たち支援者は、この段差づくりをやっているわけです。段差をつくらないで、壁のままで「がんばれ、がんばれ」「人間、根性だ」といっても、できないものはできません。人間は限界がありますから。だけど一歩一歩、がんばれば何とかなるという見通しがつけば、がんばろうという気力も出てくるのではないかと思います。

●さいごに

最後にエピソードをお話しします。今日は若者の貧困問題について話しましたが、ここ数年で一番衝撃的だった事件は秋葉原の無差別殺傷事件でした。派遣労働をしていた若者が、自分の貧困とか将来の展望のなさから自暴自棄になって秋葉原の歩行者天国に車で突っ込んで多くの人を殺した事件です。とんでもない事件ですが、事件が起こった当初から「この事件の背景には若者の貧困問題がある」といわれました。そして、一〇年ほど前にもやはり同じような事件があったんですが、その時は貧困問題としてとらえられなかったと思います。それは池袋無差別殺傷事件です。

一九九九年九月八日、当時二三歳の造田博という若者が池袋駅前で片手に金槌、片手に包丁をもって「むかついた、ぶっ殺す」と叫んで無差別殺傷事件を始めました。彼はまず六六歳の女性に向かっていって彼女の胸を包丁で一気に刺します。この女性はその場で即死します。彼は金槌でその夫の七一歳の男性の頭を殴り続けます。その男性が腕でかばったので、彼は包丁をその腕に突き刺します。それから彼は二九歳の女性に向かっていって彼女の腰に包丁を刺します。この女性はその後、出血多量で死亡します。

彼はそれから池袋駅に向かって走りながら高校生の背中を背後から刺します。四人が怪我をします。最後は通行人に取り押さえられて捕まったんですが、二人を殺し、多くの人に怪我をさせたことで当時、大事件になりました。報道当初は「若者の無軌道な犯行」とか「心の闇」とかいわれましたが、報道が進むにつれて彼が高校時代に大変な貧困状態にあったことがわかりました。

彼は一九七五年の生まれ、岡山県出身です。お父さんが大工でした。彼は中学三年の時、猛勉強をして地元の岡山県立倉敷天城高校に入学します。彼の希望は大学を出てから事務系の仕事に就きたいというものだったそうです。しかし、彼が高校に入った頃からお父さんとお母さんがギャンブルにはまって借金をつくります。パチンコとか競艇に通って数千万円の借金をしました。多重債務状態になって借金の取り立てが始まります。

当時、取り立ては激しく、近所の人の話では、ポストの中は借金の催促の手紙であふれていて、玄関には「借金を返さないとえらい目にあうぞ」という張り紙まであったという状態です。借金取りがやってくるので両親は早朝から夜まで家を空ける状態になります。借金取りがやってくると当時、高校生の造田君が借金取りに対応していたそうです。

彼としてはいずれ両親が借金のカタをつけて、自分の将来のことも考えてくれているはずだと信じていたようです。けれども、やがてガスも水道も電気も止まり、彼は勉強したいけど、家は真っ暗で勉強できないので、報道によると街頭の下で勉強していたといいます。そうしてがんばっていたんですが、高校二年の時、両親が失踪します。彼は親から捨てられたんです。彼は「その時のことを思い出すと今でも悲しくなり、涙が出る」と言っているということです。授業料を払えず、生活もできなくなり、高校二年の担任の先生のところにいって、「こんな状態なので学校をやめて働きます」と言いました。すると担任の先生はそれを聞いて「そうか、がんばれ」と言われた。

それから彼は高校中退して、広島のパチンコ屋の店員を手始めに職業を転々とします。どこも、数カ月でプイとやめちゃう感じだったようです。これは、彼のキャラもあったと思うんですが、自分が納得のいく仕事がないということもあったかもしれません。新聞記事によると、当時の広島の職安の人が「一般の転職者でも職を探すのは難しかった。高校中退、親なし、住居なしでは条件がいい仕事を探すのは難しかったはず。せめて卒業まで高校に残ることができれば、正規雇用職が見つかったのでは」と言っています。

彼は六年間で一五の職場を渡り歩いて、仕事がない時は駅や公園で野宿していました。一九九〇年代、早い時期の二〇代のホームレス状態だったんです。彼はその頃のことを「一生懸命努力しても高校中退で日雇いのような仕事しかしてない者は評価されないと思った」「休みに外に出ると自分と全く違う生活をしている人ばかりで、ケラケラ笑い、茶化して、自分をいやな目で見ている。汚れていると思った」と言っています。

彼からすると、自分は一生懸命勉強して親の借金取りの対応までやって必死にがんばったのに、それが全く報われず、納得のいく仕事が全然できない。それに比べて、同年齢の若者は親にお金があるというだけで大学にいって楽しそうに生活している。世の中、おかしい、と思ったのかもしれません。そういう、世の中の不条理に対する一種の復讐として無差別殺傷事件を起こしたのかもしれません。

これはもちろん、言い訳にはならないです。被害者にとって、彼の個人的な事情なんて一〇〇％関係ないですから。ただ、彼が一番困っている時に周りの学校や地域や役所が彼に手を差し伸べていれば、こんな事件は起こらなかったのではないか、ということも考えられます。

高校生が、親の借金で高校にもいけなくなり、生活もできなくなる。これは典型的な子どもの貧困問題です。この場合、彼に責任はほとんどないですから、周りの大人が手を差し伸べて、せめて高校を出るまで支援した方がいいのではないでしょうか。当時、民生委員の人は彼の家の事情を知っていたんですが、親が深夜に帰ってくる時期もあったので、「親がいるから、まあいいか」と思っていた。役所の人は「高校生に生活保護もなんだし、役所としてできることはないよね」と思っていた。

けれども、事件が起こってから、地域では「不幸な少年を救えなかった」という後悔の念が広がって、数千通の減刑嘆願の署名が集まり、当時の民生委員の人がそれを持って裁判所で証言しています。裁判では、「もし当時、彼に手を差し伸べていれば、こんな事件は起こらなかったのではないか」と証言しました。もちろんこれには意味はあったんですが、ただ、あえて言うと、何か起こってから手を差し伸べても遅かったんですね。彼が一番困っている時に何かできなかったのか、ということなんです。

さっき言ったように、学校の先生は彼が「学校をやめて働きます」というと「そうか、がんばれ」といった。彼の中退した高校は岡山県立倉敷高校ですが、これは僕の出身校です。造田君は僕の高校の後輩にあたります。当時の高校の雰囲気はわかるんですが、典型的な田舎の進学校で、卒業生の何人が国公立、有名私学にいくかを最優先に考えていた。進学した我々の実感としては、学校というより予備校という感じでした。

この事件が起こった翌年に卒業生が何人か集まって、この事件について話をしました。僕の高校の同級生に中西圭三がいて、彼は造田君と小・中・高が一緒で、紅白歌合戦に出てレコード大賞新人賞をとったミュージシャンですが、彼は「あの学校の冷たい雰囲気が彼をあのように追い込んだ面があるんじゃないか」といっていて、我々も同感でした。「もうちょっと何かできなかったのか」ということです。これは、高校の先輩の我々に何ができたのかという問題でもあるんですが。

造田君が親の借金で家を失ったのが一九九三年でした。それと全く同じ年に、大阪の吹田市で中学二年生、高校生、大学生の三人きょうだいがこれまた親の借金で家をなくしました。これが田村裕、

『ホームレス中学生』です。

田村裕が中二の終業式の日、家に帰ると、家の家具がドアから全部ほうり出されていました。びっくりしてよく見ると、ドアには「差押え」と書かれたテープが貼ってありました。きょうだい三人が待っていると、やがてお父さんが帰ってきて、こういいました。「ごらんの通り、誠に残念ですが、家に入れなくなりました。厳しいと思いますが、これからは各々で頑張って生きてください。解散！」。お父さんは、それからどこかにいってしまいました。そして、兄、姉と田村裕は別れて野宿を始めます。

公園で野宿を始めた田村裕は、雨で体を洗い、洗濯物を鉄棒で干し、自動販売機の下からお金を拾い集め、という生活を、なんと一カ月続けます。そういうある日、同級生のかわい君の家に晩ご飯に呼ばれました。ご飯を食べて、やれやれと思っていると、かわい君がこういいました。「たむちん、今日は泊まって帰りぃや。きょうだけじゃなくて、ずっとこの家におりいや。ちゅうか、住んだらいいやん」。「そんなわけにいかんし」と戸惑っていると、かわい君のお母さんがこういいました。「たむちん、この家に住むんやったら、ちゃんと事情を話し。それがわからんと、おばちゃんも面倒みられへん。でも困っているんやったら、してあげることはしてあげるから、ちゃんと話して」。というわけで、田村裕はその日からその家に暮らし始めます。

その時のことを彼は「うれしいとか楽しいとかよりも、安心が何よりも大きかった」そうです。夏休みがあと三日という日に、きょうだい全員が、かわいさんに呼ばれました。「もう面倒みるのに疲れて、出ていってくれといわれるのかな」と思ってドキドキしていると、「私のところとご近所の田原さん、西村さん、清君のお父さんと話しあったんやけど、やっぱりきょうだい三人でいっしょに住んだ方がいいという結果になって、協力して家を借りることにしました。お金はみなが働きだしてから返してくれればいいから、三人でそこに住み。ご飯食べられへんときは、いつでも、うちにきたらええから。ほんで生活保護も受けられるみたいやから、その金で生活も何とかなると思う。明日から準備したら二学期の最初には間に合うから。たむちんもお姉ちゃんも自分の家から学校に通う方がいいやろ」。つまり、近所の人たちがお金を出し合って家を借りてくれたんですね。そこにきょうだい三人住んだら生活保護をくれると役所の人と話してくれた。

その時のことを大学生のお兄ちゃんは、こう思ったそうです。「常識で考えたらありえない話だった。でもそのありえない話を現実にしてくれた大人たちが目の前にいた」。新しい家の引っ越しの日にはかわいさんたちがトラックで冷蔵庫とか洗濯機とかベッドとかを集めてくれました。本来だと、その新しい家からは田村裕は転校しないといけないんですが、「こんな状態で転校させるのはかわいそうだ」ということでかわいさんたちと学校の先生が相談して、越境通学で元の中学に通うことができました。『ホームレス中学生』を読むと彼の学校の先生への信頼がよくわかりますね。こうして彼は、学校と地域と役所の協力で元の生活を続けることができました。彼はやがて中学を卒業し、高校に入学して卒業します。そしてＮＳＣに入社し、川島明と知り合って「麒麟」を結成します。

同じ年に同じように家を失った二人の少年は、その後、ちがう方向に行きました。一九九九年、造田博は無差別殺傷事件を起こします。その年、田村裕は「麒麟」を結成します。二〇〇七年、田村裕は『ホームレス中学生』を出版します。彼は一瞬、大金もちになりました。同じ二〇〇七年、造田博は死刑が確定します。彼は今、死刑囚です。

これは、同じような子どもの貧困状態にあっても、その時、地域や学校や行政が手を差し伸べることができるかどうかで、その子の人生の方向が全く違う方向にいく例になっています。もちろん、それぞれのキャラの違いはありますが、田村裕は自分にも世の中にも希望をもつことができて、自分の夢を叶えることができた。一方、造田博は自分にも世の中にも絶望して、自暴自棄になってあのような事件を起こしたように見えます。

これはいずれも昔話ですが、貧困問題はどんどん進行していますから、中学時代の田村裕、高校時代の造田博は僕たちの身近にいるのかもしれません。多分いるんですよね。その時に、我々がその子どもに何ができるかどうかで、その子どもの人生は全く違う方向にいってしまう。決定的なポイントがあって、それを逃すと後から何をしても遅いということがあるんです。

今日は野宿の問題、貧困問題を話しましたが、これから日本はどうなるかわかりません。悪い方向しか見えないので、これから現場の人間はますます苦労することになるかと思います。みなさんも苦労することが多いのではないかと思います。問題は、貧困という蛇口が全開で開いていて、現場の方で手ですくって抑えている状態です。現場でがんばっていても、蛇口が開いている限り、問題は決して解決しません。みなさんといっしょに貧困という蛇口をいかに閉じるかということを考えていきたいと思っています。今日はそのヒントをお話できたらと思ってきました。
というわけで、僕の話はこれで終わります。長い時間、ありがとうございました。

（第30回花園大学人権週間・二〇一六年十二月六日）

普通の弁護士がお金にならない原発裁判をやる理由

鹿島啓一

●原発裁判に関わるきっかけ

皆さん、こんにちは。金沢から参りました弁護士の鹿島と申します。本日は「普通の弁護士がお金にならない原発裁判をやる理由」という、ちょっと変わったタイトルでお話をさせていただきます。この写真、どこかご存知でしょうか。これは福井県美浜町にある「水晶浜」という、めちゃくちゃきれいな海岸です。この海の奥の方に見えるこの建物が美浜原発になります。私はよく水晶浜に子どもを連れて遊びに行きます。原発に反対する人たちにその話をすると「エッ」と驚かれることもあるんですが、原発が動いてない時は、危険が全くないとはいえませんが、そこまで危険ではないと思うことと、あとは原発に反対することが立地地元を切り離すことではいけないだろうという思いもありまして遊びに行っています。

これから、「普通の弁護士がお金にならない原発裁判をやる理由」、過去行われた原発裁判をご紹介すると同時に現在どういった裁判が行われているか、最後に人権の感覚についてもお話したいと思います。

日本全国の原発のうち、二〇一六年時点では伊方原発と川内一、二号機が動いています。新規制基準の審査に申請中でこれから動かそうというもの、審査が終わってこれから再稼働しようとする原発もあります。私が原発裁判でかかわっている原発を申し上げますと、地元の石川県の志賀原発、福井県の大飯原発三、四号機、その近くの高浜原発三、四号機と一、二号機。一、二号機は四〇年を超えた老朽化原発です。同じ老朽化原発の美浜三号機、これは今度の金曜日に提訴する予定です。あとは鹿児島県の川内原発。愛媛県の伊方原発。青森の大間原発にも少しかかわっています。

自分でも呆れるぐらい原発裁判にかかわっていますが、原発裁判の中でいくつか勝ったものがありまして、そこにかかわらせていただいたということで呼んでいただいたものと認識しています。福井地裁で二〇一四年五月二一日に出された「大飯原発三、四号機運転差止判決」。同じ福井地裁で二〇一五年四月一四日に出された「高浜原発三、四号機運転差止仮処分決定」。その翌年に出された大津地裁二〇一六年三月九日、同じく「高浜原発三、四号機の運転差止仮処分決定」。この三つの裁判にかかわっていますが、主にかかわっているのは福井地裁の裁判になりますので本日はこの点を中心にお話したいと思います。

原発裁判を多くやっていますと、「人権派弁護士」とか「左派弁護士」といわれたりするんですけど、私はそれを否定も肯定もしませんが、あくまで普通の弁護士だと思っています。私は一九七八年東京生まれで三八歳になります。大学は東京外国語大学を卒業しておりまして法律とは関係ないところで弁護士になりました。私が弁護士になった当時はロースクール制度も始まっていたところですが、二〇〇五年に昔ながらの司法試験を受けて弁護士になりました。司法試験に合格すると各地で研修を行いますが、私はたまたま金沢が研修先になって妻に出会って結婚し、その後東京の渉外事務所に就職しました。

渉外事務所というのは主に国際関係の案件を扱う事務所で、六本木の高層ビルの中に事務所がありました。その中にいる弁護士が「人権派」弁護士でないとは思いませんが、人権問題をほとんど扱わない事務所に入りました。その事務所を一年もたたずに辞めて金沢で法律事務所を開設して独立しました。

金沢に法律事務所を開設したのが人権問題を扱うためかと聞かれると、そうではないという答えになります。今、私が原発裁判をたくさんやっていることを当時の知り合いに話すと、大変驚かれます。「お金にならないことをやっている」と驚かれる。そういう見方をされるような弁護士、人間であったわけです。

なぜ原発裁判をやるようになったか。福島第一原発事故が一つのきっかけになりました。二〇一一年三月一一日、東北地方太平洋沖地震が起きて、それに伴い、福島第一原発事故が起こりました。これは日本で初めての炉心溶融が起こった事故です。こんな事故がまさか日本で起こるなんて想定していなくて、最初にこの事故が起きたと聞いても、どんなことが起きているのか、よくわかりませんでした。東北地方太平洋沖地震はマグニチュード九・〇の地震で、このような大きな地震が起こるということはさすがに地震の専門家も予想ができなかった、想定外の地震だったということがいえるかと思います。

では、想定外の地震によって起きた原発事故も「想定外」といえるのか——違うと思います。なぜかというと、このような炉心溶融事故は過去にも起きていたからです。一九七八年、アメリカのスリーマイル島原発でメルトダウン事故が起きました。一九八六年には旧ソ連のチェルノブイリ原発で同じくメルトダウン事故が起きました。大量の放射性物質が各地にばらまかれたという事故でした。こういう事故を経験していたわけですから、原発事故は、ある種、起こり得るものだと常に認識しておかなければいけなかったのではないかと考えています。

こういう事故が起きながらも、私自身も原発に対して関心を寄せていませんでした。今になって、いろいろ勉強していくとチェルノブイリ原発事故で苦しんでいる子どもたちがたくさんいます。ニュース等で見聞きはしていましたが、それをきちんと我がこととして認識できていなかったところがありました。

福島第一原発事故、まだ事故の最中といっても差支えないと思いますけども、残念ながら今後、福島第一原発事故によって出た放射性物質により、がんになっていく子どもたちが多く出てくると思います。もう出てきていると思いますが、今後もますます増えていくことが予想されます。福島第一原発事故を起こしてしまったことは、一つは原発を推進していた電力会社、政府の責任もあるかもしれませんが、私みたいな無知無関心な愚かな大人がたくさんいたからこそ、こういう事故を防ぐことができなかったのではないかと考えています。

京都大学原子炉実験所を先日退官された小出裕章先生の言葉で、『騙されたあなたにも責任がある』と、本のタイトルにもなっています。騙された私たちがいたからこそ事故が起きてしまい、全く責任のない子どもたちが被曝する結果になったと考えています。

私はこの福島第一原発事故を経験して、何かをやらなければいけない、やらないことは不作為の責任があると考えまして原発問題にかかわるようになりましたが、原発問題にかかわるといっても最初から原発裁判をやろうと思っていたわけではありません。

私は弁護士なので、原発問題を扱うには裁判をやればいいという考えに普通はなるかと思いますが、私が最初原発裁判に前向きでなかったのは、福島第一原発事故前も原発裁判は数多く行われていましたが、ほとんどが住民側敗訴で、住民側勝訴は一九八五年の「もんじゅ」の名古屋高裁金沢支部の判決、一九九九年の志賀原発の一審金沢地裁の判決、金沢の地で二つの勝訴判決が出たんですが、ただその判決のいずれも上訴審で覆されておりまして二勝三一敗、死屍累々という悲惨な状況だったからです。結果がひどいということもそうですけども、中身についてもひどい裁判が行われていることをご紹介したいと思います。

●3・11前の原発裁判

「伊方原発一号機訴訟第一審判決」。これは最初期の原発訴訟で、この裁判には京都大学原子炉実験所の小出先生など科学者グループが支援して、原発が抱える広範な問題について科学的な論争が行われました。記録を振り返っても本当にすごい論争がなされていたなと感じました。今はインターネット等もありますので原発に関する情報が比較的取り寄せやすくなってきたかと思いますが、この当時、こういう高度な議論がなされていたことを振り返って改めてすごい裁判だなと思いました。

この裁判がどういう進行だったかと申しますと、証人尋問が裁判で行われるんですが、これについて被告の国側の学者は原告たちにコテンパンにやられて証人台に突っ伏して、もう答えられないという、そういう人もいたということです。「文書提出命令」がありまして、これは裁判所が出すんですが、この文書提出命令に従わないと法的なペナルティを受けます。具体的にはその文書提出命令に関する事実について不利な認定をされますが、この文書提出命令についても被告である国は従わない。これだけ見ても、この裁判の趨勢は明らかに住民側に有利に働いていたと思います。

しかし、結論としては住民側が「敗訴」しました。どういったことが行われたか。実質的な審理を進め、証人尋問を担当した裁判長が判決直前に交代されるという事態が起きました。新たに赴任してきた裁判長が一度も法廷で審理をしないまま判決を書いて住民に「敗訴」を言い渡したということになります。裁判所の人事権は最高裁が握っています。これは最高裁がこのように仕組んだといわれてもおかしくない異例の事態を示した裁判といえると思います。

次にご紹介するのは、この伊方原発一号機訴訟の最高裁判決である「伊方最高裁判決」が、その後の原発裁判の方向性を位置づける裁判となっています。これも「住民側敗訴」ということですが、原発裁判について実体的判断を行った初の最高裁判決になります。

論点はいろいろとありますが、いいところもあります。原発の安全審査の目的として「災害が万が一にも起こらないようにするための審査」が行われるといっておりまして、これは非常にいい部分かなと思います。他方、「科学的、専門技術的意見」が過度に尊重されているという批判がなされていまして、専門家といわれる人たちが原発の安全性の審査を行っていますが、「専門的な学者さんが『いい』といっているんだから、いいのではないか」という判断がなされているという批判があります。

もう一つが「違法性の判断基準」ですが、これも、いいところと悪いところがあるといわれている判断基準です。「現在の科学技術水準に照らし」という部分については、これは原発がつくられた当時、「審査された当時の科学技術水準ではなく、現代の最新の知見に照らすべきだ」という考えが示されていますので、この点は評価されています。しかし、「具体的審査基準」に不合理な点があり、あるいは「具体的審査基準に適合するとした調査審議及び判断の過程に看過し難い過誤、欠落がある場合は違法である」という判断のうち「看過し難い」という部分が「ハードルがあまりにも高いのではないか」という批判もなされているところです。

「立証責任論」については、裁判において「立証責任」が非常に重要でして、裁判官が判断するにあたってシロかクロか、どっちかよくわからないという時に「立証責任」を負っている方が不利な判断をなされるということになります。このように裁判においては「立証責任論」が極めて重要ですが、この立証責任を事実上行政庁に転換しているところが、この判決が評価されているところでもあります。この理由としては、原発の審査に関する資料は行政庁がたくさんもっているというところも一つ理由として挙げられています。

あと、審査対象として裁判で扱うのは「基本設計のみ」であるという判断をしておりまして、これが極めて批判されている部分です。原発の詳細な部分は司法は判断できないんだと。「詳細設計については判断できない」ということを、この最高裁判決は示しているんですが、「詳細設計」を除いてしまうと、原発の本当の危険性が明らかにならない部分がありますので、ここが大変批判されているところです。

次にご紹介しますのが「もんじゅ」の「控訴審判決」と「最高裁判決」です。「もんじゅの控訴審判決」は二勝のうちの一つの判決で、名古屋高裁金沢支部の川崎和夫裁判長の下で行われました。この裁判においては「進行協議」というプレゼンテーションを行うような日が、毎月一度丸一日かけて行われまして、大変専門的な深い議論がなされたと聞いています。そのような深い議論の中で名古屋高裁金沢支部は、「ナトリウムによる腐食効果に関する判断の欠落、蒸気発生器破損の可能性、炉心崩壊事故をめぐる判断の過誤」を理由に住民側を「勝訴」させました。

裁判は三審制がとられていまして、一審と控訴審と最高裁と三つの裁判が行われますが、「控訴審」と「最高裁」で線が引かれるようになっています。事実の認定に関しては一審、控訴審でやる。最高裁はあくまで法律審でありますので法的な判断をするという枠組みがあるわけです。

控訴審で今、挙げた事由は基本的に「事実認定」の問題でありますので、ここには本当は最高裁は触れられないはずなんですが、この「もんじゅ」の最高裁の判決は禁じ手を使いました。法律審であるにもかかわらず「高裁に差し戻す」こともせず、高裁の事実認定を覆す、禁じ手を使って「逆転敗訴」させました。控訴審までが事実審ですので、「事実認定」がおかしいと思えば「控訴審・高裁」に差し戻せばいいわけです。そこで改めて「事実認定をしろ」といえたはずですけれども、「もんじゅ」の裁判については、そういうこともせず、最高裁自らが「事実認定」を変えて住民側を「敗訴」させたという判決になっています。

最後にご紹介するのが「柏崎刈羽」の同じく「最高裁判決」になります。控訴審で住民側が二〇〇五年に負けたので上告して最高裁に移りました。この控訴審判決が出た後で新潟県中越沖地震が起きました。この地震によって柏崎刈羽原発が壊滅的な被害を受けたといってもいいぐらい、大変多くの機器が故障するという事故が起きました。幸いにも炉心溶融には至りませんでしたが、想定をはるかに超える地震が起きて、そのことによって多数の機器が損傷したことがありましたので、やはりこの柏崎刈羽の裁判においても多くの意味をもつ地震であったと思います。こういう地震が控訴審の後に起きましたが、最高裁は住民側を「敗訴」させました。

この新潟県中越沖地震については「なお書」で次のように書いています。「なお、原審口頭弁論終結後の平成一九年七月一六日、本件原子炉の近傍海域の地下を震源とする新潟県中越沖地震が発生したところ、この点は法律審として当審の性格、本件事案の内容、本件訴訟の経緯等に鑑み、上記の判断を左右するものではない」と判示しています。

これは先ほどの「もんじゅ」最高裁判決と全く逆の判断をしているといっていいと思います。「もんじゅ」の最高裁判決では「事実認定」を覆してまで最高裁で住民側を「敗訴」させたわけですが、逆にこの新潟県刈羽原発の最高裁判決では「最高裁は法律審なんだから、新潟県中越沖地震という事実に関わることは関係ない」といって住民側を「敗訴」させたわけです。

●3・11後の裁判官、最高裁の動き

福島第一原発の事故が起きた責任は、いろんなところにあるといわれていますが、こういった最高裁判決などを見ても、福島第一原発事故の起きた責任の一端が司法にあるといわれても仕方ない

状況があったと思います。こういう状況を踏まえて、当時原発裁判を扱っていた裁判官は、福島第一原発事故を受けて口を開くようになっています。朝日新聞社の磯村健太郎さんらが書かれている『原発と裁判官』という本があり、ここに原発裁判にかかわった裁判官のインタビューがいくつか載っています。その中のいくつかをご紹介したいと思います。

仙台地裁で女川原発一、二号機訴訟の裁判長をつとめた塚原さんの発言。原発の危険性は「社会観念上、無視しうる程度に小さい」と認定したことについて。「これについては今、反省する気持ちがあります。私は裁判長をしていた時、『何で住民はそんなことを恐れているんだ?』『気にするのはおかしいだろう』と思っていました。その程度だったらいいじゃないかと考え、『無視しうる程度』という表現に至ったのです」。この「社会通念上、無視しうる程度」という表現は過去の原発裁判で住民側を敗訴させるフレーズとしてよく使われている表現でして、「社会通念上無視しうる」といったところを、「これは自分の社会通念に過ぎなかったのではないか」という反省を塚原さんは述べています。

もう一つご紹介するのが、大阪地裁で高浜原発二号機訴訟の裁判長を務めた海保さんの言葉です。「福島の事故を見た後の原発訴訟では、これまで想定しにくかったこと、あるいは想定したくなかったことまで考えざるを得なくなるでしょう。それと同時に差しとめ請求の場合の『危険の切迫』という要件も従来のようなメルトダウンに至る切迫した『具体的危険』という厳格なものではなく、もっとゆるやかなものになっていくと思います」という発言をしています。原発裁判の民事訴訟では、この「具体的危険性」が認められるかどうかというのが最終的な判断を決めるわけです。

この「具体的危険」というものについて、「メルトダウンが起こるのであれば、どういう地震が起きて、どこの機器が壊れて、どのように放射性物質が漏れて住民が被曝するんですか。そこまで説明してください」ということが求められていたわけですが、海保さんは「具体的危険という要件も危険が切迫というところまでは求めなくてもいいのではないか」と自身の判決の反省も含めて述べています。

福島第一原発事故を受けて担当した裁判官だけではなく、最高裁も少し変わってきたのかなというところが見えました。裁判官の特別研究会というもので、業界では「裁判官会同」といわれているものです。これは司法研修所で行われる裁判官の研修と称されているものなんですが、実質的には特徴的な裁判にある種、最高裁の意見を確認しておく場であるということもいわれている研究会です。これは福島第一原発事故の翌年、二〇一二年一月に行われたんですが、ここでは次のような議論がされています。

「最高裁が一月に全国の裁判官三五人を集めて開いた特別研究会で七人が原発訴訟について報告書を出し、うち五人が訴訟の在り方で問題を提起したり安全審査の手法について意見を述べたりした。内部資料によると、ある裁判官は『放射能汚染の広がりや安全審査の想定事項など、福島事故を踏まえ、従来の判断枠組みを再検討する必要がある』と提案。『安全性の審査、判断を大きく改めるべきだ』との考えを示した」という報道がなされています。

従来の原発裁判は伊方最高裁判決に多く影響されていて、これがある種、スタンダードになっていたんですが、「従来の判断枠組みを再検討するべきだ」という意見が、裁判官特別研究会で出たということは非常に大きなことと思いまして、私たち原発に反対する弁護士グループもこういう報道がなされて大変喜んだことを記憶しています。

ところが、翌年には早くも風向きが変わってきたことが報道されています。翌年二〇一三年二月にも同じ裁判官特別研究会が行われました。これについては次のような報道がなされております。

「議事録によると、研究会には講師として大学院教授や弁護士、法務省幹部、新聞社の論説副委員長ら五人の専門家が招かれた。全国各地の裁判所から四一人の有志の判事が参加した。講師の一人は『伊方訴訟判決の判断手法は維持されるべきだ。原子炉等規制法という実定法の解釈から導かれており、法律の基本的な仕組みは変わらないのに、その解釈が変わるのは相当ではない』と主張した。こうした講師の発言に対し、裁判官からも同様の主張が相次いだ」という報道がなされています。

私たちはこの研究会で実際にどういうことが話されたかは伝え聞くところでしかわかりませんが、これらの報道を見る限り、二〇一三年、その前年に行われた特別研究会から風向きが変わったと認識していまして、福島第一原発事故から二年も経っていない時期に開かれた特別研究会ですが、早くも最高裁の揺り戻しというものがなされているのではないかと危惧しています。

●3・11後の原発裁判

福島第一原発事故後の裁判がどうなったかというところもご紹介したいと思います。福島第一原発事故前の原発裁判は住民側が二勝三一敗という悲惨な状況でしたが、さすがにいくつか勝てるようになってきました。以下に示すのが福島第一原発事故後の主な原発裁判の判決、決定です。

福島第一原発事故後、初めて出された民事訴訟の判決が二〇一四年五月二一日に住民側が「勝訴」した①「大飯原発三、四号機運転差止請求事件」の「福井地裁判決」になります。報道も多くなされましたが、樋口英明裁判長が大変すばらしい判決文を残しておりますので後でご紹介したいと思います。その翌年に出された②「福井地裁の高浜原発の仮処分命令申立事件」も住民側が「勝訴」しました。これも同じ樋口裁判官が裁判長となって出された決定です。ただ、二〇一五年四月一四日に福井地裁決定が出された翌週に、今度は③「川内原発の仮処分」裁判が出されたんですが、これは住民側が「敗訴」しました。この時に報道されたのは、同じような論点で争われた原発裁判において、なぜ一週間で違う決定が出されたんだということで、議論になっています。

続いてご紹介するのが福井地裁の②の事件の④異議審、「異議審」というのは仮処分特有のものなんですが、控訴審のようなものです。一回決まった仮処分の事件について、もう一度同じ裁判所で争う手続を異議審といいます。残念ながら同じ年の一二月に住民側が「敗訴」することになりまして、これで②の仮処分決定は取り消されたことになります。私はこの裁判に深くかかわっていましたので大変落胆しましたし、原発裁判は福島第一原発事故が起きた後も、なかなか難しいのではないかと感じました。

しかし、翌二〇一六年三月九日に、同じ高浜原発三、四号機について、今度は大津地裁で住民側が「勝訴」する決定がでました。この「仮処分決定」はまだ維持されていますので、この仮処分決定によって高浜原発三、四号機は現在、法律上動かせない状況にあります。

ただ、その後も住民側がずっと勝っているわけではなく、翌月四月には③「川内原発仮処分」の「抗告審」でも「原決定を維持する」形で住民側は「敗訴」しています。その後、七月には大津地裁の仮処分決定の同じ異議審で住民側の「勝訴」が維持されました。このように勝ったり、負けたりという状況になっています。

私たち原発裁判を扱う弁護士としては、福島第一原発事故前に勝てなかったのは、現実的な問題として取り扱うのが難しかった部分もあるので仕方ないかもしれないが、福島第一原発事故という現実を目の当たりにした現在、「決して負けることの許されない裁判」、「絶対に負けてはいけない裁判」だという自覚をもっていますが、見ていただいたとおり負けてもいるという状況になっています。しかし、福島第一原発事故の前の裁判状況と比べると住民側が勝つ件数も増えてきたということもありますし、内容的にも進んできている部分があると感じています。

内容に入って、①②④の福井地裁で出された二つの「勝訴」の裁判、一つの負けた裁判について中身に入ってお話をしていきたいと思います。

●大飯原発三・四号機運転差止請求事件

二〇一四年五月二一日に出された福井地裁の「大飯原発運転差止判決」ですが、樋口英明裁判長、石田明彦裁判官、三宅由子裁判官の三人の裁判官によってなされた判決です。これは福島第一原発事故後初めての民事訴訟で住民側が「勝訴」したということで極めて重要な意義があったと考えています。この裁判は結論だけではなく、内容的にも非常に評価されておりまして、感動的な判決文があります。ご紹介させていただきますと、こういう一節があります。

「たとえ本件原発の運転停止によって多額の貿易赤字が出るとしても、これを国富の流出や喪失というべきではなく、豊かな国土とそこに国民が根を下ろして生活していることが国富であり、これを取り戻すことができなくなることが国富の喪失である」と大変すばらしい判決だと思いました。

私たち弁護士はプロですので法廷で泣くということはあってはならないと思いますが、この判決を聞いた時には私だけではなくベテランの弁護士も思わず涙を流してしまったという、そういう感動を覚えたことを記憶しています。原発問題については、いろんな議論がなされていると思いますし、みなさんもいろんなご意見をお持ちかなと思いますが、何が本当に大切なんだろうということを振り返った判決という意味で非常にすばらしいと私たちは考えています。

ただ、これは原発に反対する方々によく申し上げていることなんですが、この判決が、「すごく目新しいことをいっている」とか「これはもう樋口裁判長がすばらしいから、こういうすばらしい裁判長じゃないとなかなかこういう判決は出ないね」と原発反対派からもいわれていますが、私はそうではないと考えています。その内容は非常に堅実な内容といえると思います。

原発裁判においては色々な争点がありますが、福井地裁の判決は、原告、被告とも争いのない事実から認定をしているということ、二段構えの論理を用いるという堅実な内容になっているということをご紹介したいと思います。

福井地裁の判決の論理の一つ目。民事訴訟は、人格権というものに基いて運転の差し止めを求めるものですが、この人格権について「生命を守り、生活を維持する利益は人格権の中でも根幹部分をなす根源的な権利である」と述べられています。人格権の重要性に言及したすばらしい判決だと思いますが、ただ、人格権にフォーカスした判決なんて今までなかったんじゃないかとか一部で言われたりしますが、決してそんなことはなく、人格権というのは、憲法一三条によって導かれる権利として過去の裁判例で確立したものになっています。

裁判で、いろいろある人権の中でも重要度が違うというのは、それは私たち法律の専門家からいわせると当然のこととして考えられています。人格権は、いくつかある権利の中でも重要な権利ですが、その中でも「生命を守り、生活を維持する利益というのは重要である。根源的な権利である」ということについては、法律家であれば誰も争わない当然なことをいった部分だと思います。

他方、「原子力発電所の稼働は法的には電気を生み出すための一手段たる経済活動の自由に属するものであって憲法上は人格権の中核部分よりも劣位に置かれるべき」、こういう判断も福井地裁判決の中でなされていますが、これも私たち法律家にとってはあたりまえのことですし、みなさんも「当然だ」と考えられる部分ではないでしょうか。このことを争う法律家もまずいないといっても差支えない部分だと思います。

続いての福井地裁判決の論理は原発の特殊性について述べている部分です。「大きな自然災害や戦争以外で、この根源的な権利が極めて広範に奪われるという事態を招く可能性があるのは原子力発電所の事故のほかは想定し難い」。この部分も異論を挟む方はいらっしゃらないのではないでしょうか。この福島第一原発事故というのは大変な事故でしたが、幸いにもこれぐらいの事故で済んだという見方もできるというようなことがいわれています。

当時の原子力委員会の委員長だった近藤駿介さんは、当時の首相であった菅直人氏から指示された、「最悪シナリオ」と呼ばれる文書を作成しましたが、それによりますと、福島第一原発から二五〇キロ圏内が避難地域になる恐れがあるとしています。二五〇キロ圏内といったら東京の大半も含む範囲で、これが現実になれば東日本が壊滅するというような事態になっていました。

このことは海外も心配していたところで、何が一番心配されていたかというと使用済核燃料プールです。福島第一原発四号機の使用済核燃料プールの冷却装置が停まったわけですが、幸いにして使用済核燃料が冷やされていました。冷却機能が停まったので使用済核燃料の放射性物質の放出は避けられないと思われていたんですが、幸いにして隣のプールから水が流れ込んで偶然プールの冷却機能が維持されたといわれています。もしこれが偶然冷やされてなかったら、近藤駿介原子力委員長が想定しているような「二五〇キロ圏内が避難地域」という事態も起こり得たのではないかといわれています。

そういうことを考えても、大きな自然災害、戦争以外で「生命を守り、生活を維持する利益」が広範囲に奪われるということを起こす可能性があるのは原発事故であるということがいえると思いますし、それ以外のものでそういった事故が起こるとは想定し難いのではないでしょうか。

この三つの論理を用いて福井地裁は「生命を守り、生活を維持する利益という根源的な権利が極めて広範に奪われるという事態を招く具体的な危険性が万が一でもあれば、その差止が認められる」という結論を導き出しています。この「万が一でもあれば」というところは、伊方最高裁判決の「深刻な災害が万が一にも起こらないように」という部分にもつながる部分ですので、伊方最高裁判決も踏まえた判決といえると思います。

この福井地裁判決に対しては「ゼロリスクを求めるものではないか」という一部批判が出ています。「自動車でもなんでも科学技術というのはリスクがつきものである。その部分を踏まえながらも利益を享受しているわけだからゼロリスクを求めていたら科学技術は立ち行かないだろう。ゼロリスクを求めるもので、この福井地裁判決は不当だ」という批判が出されることがあります。

しかし、私からいわせると、このような批判は、本当に福井地裁判決を読んでいるのかなと思います。福井地裁判決は次のように述べています。「新しい技術が潜在的に有する危険性を許さないとすれば社会の発展はなくなるから、新しい技術の有する危険性の性質やもたらす被害の大きさが明確でない場合には、その技術の実施の差止の可否を裁判所において判断することは困難を極める。しかし技術の危険性の性質やそのもたらす被害の大きさが判明している場合には、技術の実施に当たっては危険の性質と被害の大きさに応じた安全性が求められることになるから、この安全性が保持されているかの判断をすればよいだけであり、危険性を一定程度、容認しないと社会の発展が妨げられるのではないかといった葛藤が生じるところはない。原子力発電技術の危険性の本質及びそのもたらす被害の大きさは福島原発事故を通じて十分に明らかになったといえる」。

福井地裁判決は、「ゼロリスクを求めるものだ」という批判も見越した上でこのような判示を述べていると思います。原発技術の特殊性にフォーカスしていますし、福島第一原発事故で危険性の性質と被害の大きさは十分に明らかになったということは、争えない事実、論理ではないでしょうか。

もう一つご紹介しますのは地震に関する判断です。先ほど福井地裁判決の堅実な内容である一つの理由として、争いのない事実から認定しているというところを挙げさせていただきました。地震については次のような判断を出しています。

大飯原発の基準地震動について、「基準地震動」というのは、その原発に来ると想定される最大地震動として定められるものですが、当時は七〇〇ガルと想定されていました。ただ福井地裁判決は、一・八倍になる「一二六〇ガルを超える地震が起きる危険性がある」ことを認定しております。いくつか理由を挙げていますが、一つは地震想定の限界です。「地震については過去のデータに頼らざるを得ないが、頼られるべき過去のデータが極めて限られている」ということがいわれています。

地震を評価するにあたって活断層があるかどうかが問題になりますが、活断層の評価については、今のところ規制側では一三万年前というのが一つの基準になっています。ただ、一三万年前に活動したかどうかを判断するにあたってのデータといっても、多く見積もっても数十年程度の地震データでしかないことは明らかです。この多く見積もってというのは日本で強震計が設置されたのが阪神・淡路大震災以降ですので、そこから考えても数十年もないわけです。こういう僅かなデータによって一三万年間の活動を評価するということ自体が困難であるということで、このことについては地震学の権威も認めているところです。

もう一つ福井地裁判決が挙げたのが、宮城内陸地震という地震があったんですが、そこで四〇二二ガルという地震動が観測されていて、この四〇〇〇ガルを超える地震動が観測されているんだから、一二六〇ガルを超える地震動がどうして到来しないといえるんですかというわかりやすい判断です。

もう一つ説得力があるなと感じているのが、過去一〇年足らずの間に基準地震動を超える事例が五事例も起きているということが指摘されています。基準地震動とは想定される最大地震動であるはずなんですが、想定される最大の地震動を十年の間に五回も超えているということで、そもそも「基準地震動の策定手法が誤っているのではないか」というようなことが指摘されています。

中央防災会議においても「マグニチュード七・三以下の地震はどこでも発生する可能性がある」ことが指摘されていて、このことも福井地裁判決は指摘しています。以上挙げた四つの要素は、いずれも決して争えない事実でして、このような争いようのない事実から認定したということで堅実な判決だということがいえると思います。

このような判決が福島第一原発事故の初めての民事訴訟で出されたわけですが、これは世の中に大きな意味をもつだろうと私たちは思いましたし、現実に大きな意味をもったと思われるかもしれませんが、それに反対するように、これを無視する動きも見られました。

この判決が出た当日の田中俊一原子力規制委員会の委員長の言葉です。「いつも申し上げていることですけれど、司法の判断について私の方から申し上げることはないということです。だから大飯については従来どおり、我々は我々の考え方での適合性審査をしていくということになろうかと思います」ということを、もう当日に判決文の内容も深く十分に確認しないまま、こういうことをいっているということです。

大飯原発を所有する被告である関西電力の八木社長は、この福井地裁判決について直ちに控訴したんですが、控訴した後、次のように述べています。「規制委員会の安全審査、国の了承、地元である福井県、立地町の同意という条件が整えば再稼働を実現していく」「控訴というのは判決が確定していないということ。安全性が確認されたプラントは一日も早く再稼働していきたいという考えに変わりはない」といっています。

これはまさしく福井地裁判決を無視する動きということで司法の軽視も甚だしいなと私たちは考えたんですが、他方でこの裁判は控訴されると判決が確定しないというのは八木社長が言う通りでして、判決が確定しなければその効力も生じないというのもその通りです。こういった福井地裁判決を無視する動きに対してどう対応していけばいいのかというところを私たちは悩み、次のような方法をとりました。

●高浜原発三・四号機運転差止仮処分命令申立事件

そこでやったのが仮処分になります。私たちは二〇一四年一二月五日に、福井地裁に「仮処分命令」を申し立てました。「仮処分」とは本裁判とは異なりまして暫定的な裁判を求める裁判となります。あくまで暫定的な裁判ですけど、一つ効果があるのは直ちに効果が生じるということです。この仮処分が出れば直ちに効果が生じるということで、その後本訴で争うこともできるんですが、争っている間もずっと効果が生じるという意味で「仮処分を起こすべきではないか」ということで申立てをしました。

先ほどの福井地裁判決を出した樋口裁判長の下で審理が行われました。関西電力からすれば先ほどのような判決を出した樋口裁判長が審理するわけですから当然負けるだろうということを恐れたわけです。樋口裁判長の異動の時期が迫っていまして、裁判官は大体三年に一回転勤することが通例となっているんですが、二〇一五年三月末に転勤するのではないかといわれていました。関西電力としては三月末さえ乗り越えられればなんとかなるんじゃないかということで引き伸ばしを行ってきました。なかなか弁護士を選任しないとか、そういう姑息な手段を使ってきたなと私たちはみていました。

ところが、福井地裁は「二〇一五年三月一一日に行われた期日において機が熟したので決定を出す」としました。そうしたところ関西電力は用意してきたかのように裁判官三名に対して「忌避」を申し立てました。忌避というのは、裁判所がその裁判に対して著しく不公正であると認められる場合に、その裁判官を外して代えてくれという申立てですが、こういったことを行ってきたわけです。電力側とか行政側が「忌避」を申し立ててきたのは恐らく史上初めてじゃないかなと思います。そういうこともせざるを得ないぐらい関西電力は追い込まれていたのかと思います。関西電力の忌避申立ても一定の効果を上げまして、三月をまたいで四月に「忌避」については「理由がない」ということで却下されます。

樋口裁判長も「忌避」を恐らく想定していたのではないかなと思います。樋口裁判長は四月一日時点で名古屋家裁に異動になったんですが、「職務代行辞令」をもらっていまして四月一四日に住民側を勝たせる「仮処分命令」を出しました。これは異動はするけれども当該事件に対しては従前の裁判官が担当するという辞令です。「職務代行辞令」をもらって三月をまたいでも四月一四日に決定を出したということになりました。四月一四日に「仮処分命令」が出て仮処分命令は直ちに効力を生ずるため法律上は再稼働できないようになりました。この仮処分命令の論理についてもいくつか見ていきたいと思います。

「新規制基準」について、福島第一原発事故を受けて規制基準が改正されて新規制基準ができたんですが、「この新規制基準は緩やかにすぎ、これに適合しても本件原発の安全性は確保されていない。新規制基準は合理性を欠くものである」という判断をしています。「新規制基準に適合しても、具体的危険性が肯定できる」と判断をしていまして、先ほどの福井地裁判決では」「新規制基準」というものに特に言及しなくても「十分に危険だ」ということがいえるという判断をしましたが、「新規制基準に適合したと認められたとしても、新規制基準は緩いものだから具体的危険性が認められる」ということをいっています。

もう一つ地震についての判断を紹介しますと「平均像」問題というのがあります。「基準地震動」に関する「強震動学」という学問があるんですが、入倉孝次郎教授はその権威といわれている人です。色づけするのはどうかといわれるかもしれませんが、いわゆる原発推進側の人たちに重宝されているというか、推進側の論理を下支えしている人なんですが、その人が次のように発言しております。「基準地震動は計算で出た一番大きな揺れの値のように思われることがあるが、そうではない」「私は科学的な式を使って計算方法を提案してきたが、平均からずれた地震はいくらでもあり、観測そのものが間違っていることもある」と述べているわけです。愛媛新聞のインタビューにこういうことを述べてしまったんですが、まさか自分の発言がこういう裁判で使われるとは恐らく思っていなかったと思います。

これを捉えて「仮処分決定」は次のようにいっています。「本件原発において地震の平均像を基礎としてそれに修正を加えることで基準地震動を導き出していることが認められる。万一の事故に備えなければならない原子力発電所の基準地震動を地震の平均像を基に策定することに合理性は見出し難いから、基準地震動はその実績のみならず理論面でも信頼性を失っていることになる」。

これもすごく納得する部分だと思います。本来の「基準地震動」というのは想定される最大の震度でなければならないわけですが、蓋を開けてみると過去に起きた地震の平均プラスαぐらいのものでしかないことが認定されており、そのこと自体は今の基準地震動の計算方法の一つをつくった入倉孝次郎教授自身が認めているところである、こういう堅実な判断をしていると指摘できると思います。

●高浜原発三・四号機運転差止仮処分命令申立事件の異議審

このように「仮処分決定」によって高浜原発は一旦、法律上動かせない状況になりましたが、その後の動きは次のようになります。

この「仮処分決定」に対して関西電力はすぐ異議申立てを行いました。この異議審においては先ほどの裁判官とは違う三人の裁判官が判断したんですが、二〇一五年一二月、「常識的な時期」に決定を出すといわれました。西川知事が一二月二二日、再稼働に同意して、翌々日に「仮処分命令を取り消す」決定が出されました。仮処分命令が取り消されたことによって高浜原発が再稼働できる状況になりました。西川知事の同意も得られていましたので、その翌日には燃料を装荷し始めまして翌年一月二九日三号機が、二月に四号機が再稼働しました。ところが四号機はトラブルを起こして三日後に緊急停止します。その後、三月九日に今度は大津地裁で高浜原発三、四号機の「仮処分を認める命令」が出まして再び法律上再稼働できない状況になりました。その当日に高浜原発三、四号機は司法の手で止められたということになっています。

私もこの大津地裁の裁判には多少かかわっているんですが、今日はこの「仮処分命令」を取り消した一二月二四日の裁判について少しご紹介したいと思います。この「仮処分命令取消決定」を出した裁判官、その年の四月に樋口裁判官と入れ替わりで福井地裁に着任してきた三人の裁判官の経歴をご紹介します。

林潤裁判官。山口敦士裁判官。中村修輔裁判官。全員、最高裁の局は違いますけども事務総局を経験していることになります。これは業界内の話になってしまうんですが、裁判官において最高裁の事務総局経験者というのはエリートとされています。福井地裁というのは全国の裁判所からすると大変小さな裁判所になるんですが、ここに同時にエリート裁判官が三人も来るというのは極めて異例といえると思います。四月に来た裁判官を見て、さらに経歴も私たちはわかりますので、これはもう完全にシフトを引かれたなと認識しました。最高裁の人事が実際どのように決められているかとか、どのように話をされているのかは、私たちには直接はわからないですけども、事実としてはこういう最高裁事務総局経験者の裁判官が三人集められたということになっています。その結果、住民側が敗訴する結果が出された、「仮処分命令を取消す」という決定が出されたということです。

ちなみに樋口英明裁判官は名古屋家裁に異動され、左遷人事だとも一部でいわれたりもするんですが、樋口裁判官自体は非公式な場においてですが、「私自身は左遷人事だとは思っていない」とおっしゃっていたということを聞いています。

立場上どうしても「不当性」というういい方になってしまうんですが、この「仮処分命令取消決定の不当性」についていくつかご紹介したいと思います。

一つは「社会通念上、無視し得る程度にまで管理されているか否かを判断すべきである」と「仮処分命令取消決定」はいっています。「社会通念上、無視し得る程度かどうか」というのは過去の原発裁判を取り扱う裁判においても用いられていた、ある種、住民側を敗訴させるフレーズになっています。フレーズ自体は仮に一〇〇歩下がっていいといってもいいんですが、個々の判断を見ると福島第一原発事故の経験を踏まえて厳格に審理しているとは到底いえないものになっています。

福島第一原発においても「基準地震動」を上回る基準地震動が観測されたんですけども、これは超えたとしても若干超えただけである。「基準地震動を若干超えただけだから、ああいう大きい地震であっても若干超えるだけだったんだから、基準地震動のつくり方もあながち間違っていないんじゃないか。むしろ信頼性をある程度裏付けるものと評価することも可能である」といっています。

「基準地震動」というのは想定される最大の地震動でありますので、それが僅かでも超えるなんてことは絶対あってはいけないわけです。ところが「上回ったのはわずかなんだから、いいんだ」という判断をしているということです。こういう判断を見ると「社会通念上無視し得る」と言っていますが、「福島第一原発事故事態を社会通念上無視し得る」と判断しているのに等しいのではないかと私は考えていますし、ここでいう「社会通念」というのも、林裁判長以下三名の裁判官の社会通念に過ぎないのではないかと考えています。

もう一つは「周辺住民に被曝を受忍させる決定」ということです。私たちはこの異議審においてはテロの危険性等も主張したんですが、この決定は「大規模損壊に至る可能性は否定できない」と認めています。認めざるを得なかったんだと思いますが、ただ「大規模損壊に至っても放射性物質の放出低減を最優先に考えた対応を行うことには合理性がある」といっているわけです。

「過酷事故が起こる可能性が全く否定されるものではない」ということも認めています。しかし、「具体的危険性は認められない」と判断しているということなんです。つまり、「過酷事故が起きたり、放射性物質が放出されたとしても、これは低減されるような対策をとっているし、重層的な対策を講じているからいいんだ」と判断をしています。まさしくこれは「周辺住民に被曝を受忍させる決定だ」ということがいえると思います。

最後にご紹介するのは、「新規制基準」の策定に関与した防災研の藤原さんという方がいるんですが、その方が次のようにいっています。「基準地震動の具体的な算出ルールは時間切れでつくれず、どこまで厳しく規制するかは裁量次第になった」と「新規制基準」の策定にかかわった方自身が認めているわけです。

これについて「仮処分命令取消決定」は、結局のところ「規制委員会が中立公正な立場で判断したから合理性がある。規制委員会に任せてもいいんじゃないか」といっているわけです。これは、伊方最高裁判決の専門技術意見の「過度の尊重」というところにもつながるかと思います。きちんとしたルールがつくられてこそ厳密な審査ができるのは当然の判断だと思いますが、規制委員会の判断の合理性を安易に認めた決定であるといえると思います。

ご紹介したように、この「仮処分命令取消決定」に関しては、ここに挙げた以外にも批判をすることができると考えていますが、私たちの闘い方にも少し足りないところがあったのではないかと反省しているところがあります。次に示すのは、日米の原子力に携わっている見識豊かな佐藤暁さんという原子力コンサルタントの方が挙げていることです。

「法廷での大事の決定は設計基準を超えるとか過酷事故対策が万全とか枝葉の議論と言っては申し訳ないが、ある意味そのような、一度、原子力規制委員会が審査した二番煎じのようなプロセスを通して行わなければならないことなのだろうか」「立地審査指針を停止、あるいは廃止してしまっていることの問題、国家に対するストレステストに耐え得ないことなどの問題などを問うことは裁判という手続きの中でのルールとしては、どうしてもできないものだったのだろうか」。

ここでおっしゃっている「立地審査基準」というのは、原発の立地について立地する場所が適当かどうかということが指針としてあったわけです。この指針を使えば当然、原発の立地できるところは日本にはないと私たちは考えるところですが、それが福島第一原発事故後において「立地審査指針」が用いられなくなりました。過去にあったこういう指針を停止、あるいは廃止しているのが非常に問題なのではないかというところは、まさしくそうだと思います。

あとは「国家に対するストレステスト」と佐藤さんはいっているんですが、「たとえば福井の原発が事故を起こせば、どういう事態が起こるかと。琵琶湖も失われる。京都の世界的に非常に価値のある文化遺産もすべて使えないものになってしまう。そういうところのストレステストをしたとしたら日本国自身、耐えられないじゃないか」と佐藤さんはおっしゃっています。「そういう大きな問題を、もっと裁判の中で扱うべきなんじゃないか」ともおっしゃっています。

私たちとしても、そういうところも訴えてきたつもりではあったんですが、もう一度その原点に返って、科学的な議論ももちろん大事ですが、「そもそも原発というものが許されるものなのかどうか」という原点に立ち返った主張もしていきたいと考えています。

●どこかにいる人々、後の世の人々に思いを寄せる

ここで表をお見せしたいと思います。これ何の表かおわかりになる方いらっしゃいますかね。どうでしょう。一から〇まであって三ケタで、この何基というのは原発ですが。これ三ケタじゃなくて、ヒントを申し上げると本当は七ケタです。何かおわかりになりますか？　どうですかね？　これは郵便番号でまとめた全国の原発の所在です。郵便番号1から始まるのは東京ですけども、東京には原発が一個もありません。

郵便番号9から始まるところに三五基も原発があり、約六五％の原発が集められています。郵便番号9の地域はどういう地域かと申し上げますと、私が住んでいる石川県は郵便番号が9から始まります。福井県は「原発銀座」ともいわれていますけども、ここも郵便番号9から始まります。あとは新潟県の柏崎刈羽がある新潟県も郵便番号9。福島第一原発のある福島県も郵便番号9から始まります。南東北、北陸、沖縄が郵便番号9から始まる地域になります。

郵便番号の定められ方は諸説あるんですけども、少なくとも東京を起点にした郵便番号制度の基において、郵便番号9の地域にこれほどまでに原発が置かれているということは何らかの意味があると思います。あとは沖縄の問題も一つ関連付けてお話することもできるかもしれません。

この表は長谷川公一さんという社会学者の『脱原子力社会へ』から引用したものですが、長谷川公一さんはこのことを「とひ感覚」といっております。「と」は都ですね。「ひ」は鄙びたという字を書くんですが、郵便番号というのは日本における一つの価値のありどころを示したものです。「都鄙」の「鄙」、ひなびた地域に原子力発電が集められているということが一つ指摘されているところです。

郵便番号の問題を見てもそうなんですけど、現実に福井県に多くある原発で発電されている電気は、ほとんど関西地方で使われている電気になります。なぜ関西で使う電気を福井県で発電しないといけないんだという問題については、もしかしたら「発電所を立地できる土地がない」という反論があるかもしれませんが、それは間違いでして、火力発電所は山ほど関西地方にあります。大阪市にもあります。そういう意味で原子力発電というのは、もう危険性を電力会社も認めた上で「都鄙感覚」の「鄙」の地域に集められているといえるのではないでしょうか。

もう一つ「高レベル核廃棄物処分問題」も挙げられます。福井地裁判決でも、ちょっと判断の中で取り上げるのは難しいというところはありますが、一つ指摘されていますので後ほどご確認いただければと思います。

最後にご紹介しておきたい言葉として、宮沢俊義さんという憲法学者がいまして、その方の「人権の感覚」という言葉をご紹介させていただきたいと思います。原子力発電に関しては、わがことのように捉えるということはもちろん大切だと思いますけど、もう一つは、たとえ原発から離れていたとしても原発事故が起きたら被害を受けた人たちがどう思うのか、あるいは子どもたちはどういう被害を被るのか、そして現在は存在しない未来の国民がどういう被害を被るのか、そういう視点が大切なのではないかと考えています。宮沢俊義さんの「人権の感覚」を読みあげたいと思います。宮沢俊義さんは「エミール・ゾラ」の言葉を引用して「人権の感覚」について述べています。

「身に覚えのない濡れ衣を着せられ、おそるべき責苦を受けている一人の純真な人間がいることを考えれば夜も眠られないという気持ちである。自分や自分の家族が、人権じゅうりん的取り扱いを受けて憤激することではない。自分となんのかかわりもない赤の他人が、そういう取り扱いを受けたことについて、本能的に、いわば肉体的に憤激を覚えることである」

「もし国民の一人一人が、かような意味の人権の感覚を身に付け、どこかに人権じゅうりんされた人が一人でもいると聞くと、夜も眠られないくらい憤激をおぼえる……という状態が実現されれば、人権じゅうりん行為があれほど公然と行われるはずはないと思う」

「憲法を生かすか殺すか。それは、かような人権の感覚を国民の多数が身に付けるようになるか、ならないかで決定される」。

宮沢俊義さんは、だいぶ昔の方ですので、ここでいわれている「人権じゅうりん行為」というのは明治時代に行われた「人権じゅうりん行為」を示しているんですが、宮沢俊義さんは当時の大日本帝国憲法も、決してその人権を認めていなかったものではないということをいっています。大日本帝国憲法下でも人権というものは保障されていたが、拷問とか「人権じゅうりん行為」にあたるような行為が繰り返し行われてきたということについていっています。人権の感覚が身に付けられていなかったからこそ、憲法が制定されていたとしても、こういう行為が行われていたのではないかということを宮沢先生はおっしゃっています。私もそうなのではないかなと思います。

福井地裁の判決に戻りたいと思います。「福井地裁判決は、原告は高レベル廃棄物の処分先が決まっておらず、廃棄物の危険性は極めて高いゆえ、その危険性が消えるまでに数万年もの年月を要することからすると、ここの処分の問題が将来の世代へ重いツケを負わせることを差止の理由としている。幾世代にわたる後の人々に対する我々世代の責任という同義的なこれ以上ない重い問題について現在の国民の法的権利に基づく、将来差止訴訟を担当する裁判所に、この問題を判断する資格を与えられているかについては疑問があるが、もうこれまで述べてきたことによると、この判断の必要もなく、危険性が認められる」と判断しています。

福井地裁判決は、高レベル放射線廃棄物の問題はなかなか裁判で扱うのは難しいといってはいるんですが、ただ大変重要な問題であることも認めているところです。私たちはこの問題も裁判の俎上に載せたいと思いまして、いろいろ知恵を絞って、一つ、いい条文を見つけました。

それは憲法です。憲法は「基本的人権を現在の国民だけではなく、将来の国民にも保障される」ときちんと書いてあります。「何をいまさら」とおっしゃる方もいらっしゃるかもしれないなと思うんですが、将来の国民にも保障されると明示されている憲法はすばらしいなと思っています。この憲法を用いて放射性廃棄物の問題についても裁判の俎上に載せるということも、今、考えているところです。私からは以上になります。本日はご清聴いただきましてありがとうございました。

（第30回花園大学人権週間・二〇一六年十二月七日）

仏教を基盤とした病者の看取り
ビハーラ活動と臨床宗教師研修

鍋島直樹

この世界で、死を超える心の支えを求めている人に、患者と家族がいるだろう。しかし、自己自身は、死にゆく人の気持ちや、自殺に向かう人の心の声が、どれだけ聞こえているだろうか。

●ビハーラ活動とは――その理念と基本方針

「ビハーラ（vihāra）」とはサンスクリット語で、中村元の研究成果である「ビハーラ活動の源流」によると、[*1] インド一般では「くつろいでとどまること」を意味し、漢訳仏典では「住」「安らかな落ち着き」を意味する。これらの原意を踏まえて、「ビハーラ」は広く「精舎・僧院」「身心の安らぎ」をさす言葉として用いられている。実際原始仏教の精舎には、「病舎」があり、祇園精舎の施設を説明するにあたって病室があげられ、[*2]この病室が『往生要集』の臨終行儀では、無常院として紹介されている。

さて、ゴータマ・ブッダが病める修行僧を看護したという話が、数多く伝えられている。ある日、一人の修行僧が仲間から見捨てられ、大小便のなかに埋もれて横たわっていた。そこで、釈尊は水を持ってこさせて、この病気の僧侶を入浴させて身体を洗った。そして、看病した僧侶たちに、

修行僧らよ、われに仕えようと思うものは病者を看護せよ。[*3]

と釈尊は説いたという。

釈尊は、相互に看取りあうことの意義について、『増壱阿含経』巻四十に、次のように説いている。[*4]

仏、諸比丘に告げたまはく、「汝ら出家せし所以は、共に同一の水乳なり。然るに、各々瞻視せざりき。今より已後、まさに展転して相瞻視すべし。もし病比丘にして弟子なき者は、まさに衆中において次を差《わか》ち、病人を看せしむべし。然る所以は、これ離れおわりて、さらに所為の処福、病之人を視るに勝る者を見ざればなり。それ病を瞻るは、我を瞻ると異なることなし。」

（仏は多くの僧侶たちに告げた。「あなたたちが出家したということは、水と乳がよく混じりあ

うように共に同朋であるということである。しかし、お互いにあまり看病しあわなかった。これから後は、支えあってお互いに看病しあうことを願う。もし病気の僧侶でありながら、自らの弟子のいないものは、僧侶たちが交代して、病人を看病してください。なぜなら、行いを通していたる幸せのなかで、病人を看病することに勝るものはないからである。病人を看取ることは、自分自身を看取るのと同じである。」)

この釈尊の姿勢に明らかなように、看病する自分自身が、逆にその病める人から、はかなくも、かけがえのない生命の尊さを学んだのである。

一九八五年、田宮仁は、キリスト教のホスピスケアの精神に学び、「仏教を背景としたターミナル・ケア（終末期医療）施設」の呼称として「ビハーラ」を提唱した。[*5] 一九九二年、仏教を基盤とした長岡西病院ビハーラ病棟が設立された。この長岡西病院ビハーラ病棟には仏堂があり、宗派を超えて僧侶が協力し、傾聴と法話を行っている。田宮仁はビハーラ僧の実践姿勢を「仏教者屑籠論」として説明している。[*6]

ビハーラ僧は、患者にとって心の屑籠のような存在になることをめざしているという。あたかも屑籠があると、部屋がきれいになるように、患者が言うに言えない気持ちをはきだして話したいことを話してもらえるように、ビハーラ僧が心の屑籠のようにその場にいるということである。

また、一九八六年に浄土真宗本願寺派ビハーラ活動研究会が発足し、一九八七年、ビハーラ活動者養成研修が始まった。筆者はその委員長として、浄土真宗本願寺派『ビハーラ活動の理念と方向性』をまとめた。[*7]

「ビハーラ活動」とは、仏教徒が、仏教・医療・福祉のチームワークによって、支援を求めている人々を孤独のなかに置き去りにしないように、その心の不安に共感し、少しでもその苦悩を和らげようとする活動です。そして私たち自身が、苦しみや悲しみを縁として、自らの人生の意味をふりかえり、死を超えた心のつながりを育んでいくことを願いとしています。すなわち、「ビハーラ活動」とは、「生・老・病・死」の苦しみや悲しみを抱えた人々を全人的に支援するケアであり、「願われたいのち」の尊さに気づかされた人たちが集う共同体を意味します。

●臨床宗教師研修の誕生

臨床宗教師研修は、東日本大震災の悲しみに寄り添う宗教者の社会実践と、ビハーラ活動の実績を踏まえて、二〇一二年、東北大学大学院文学研究科実践宗教学寄附講座に誕生した。

臨床宗教師は、日本版チャプレンであり、岡部健医師が提唱した。臨床宗教師(interfaith chaplain)とは、病院、社会福祉施設、被災地などの公共空間において、布教や宗教勧誘を目的とせず、相手の価値観、人生観、信仰を尊重し、生きる力を育む心のケアを実践する宗教者である。医療、社会福祉の専門職とチームを組みながら、宗教者として全存在をかけて、人々の苦悩や悲歎に向きあい、そこから感じ取られるケア対象者の宗教性を尊重し、心のケアを行うことをめざしている。臨床宗教師の呼称は、仏教のビハーラ僧やキリスト教チャプレンを包み込み、宗教宗派を超えて協力する願いが籠っている。

●スピリチュアルペイン——根源的な苦しみ

医療において、治癒の見込みの少なくなった患者は、身体的苦痛・心理的苦痛・社会的苦痛・スピリチュアルな苦痛を抱えているとされる。

身体的苦痛とは、痛み、息苦しさ、だるさ、動けないこと、日常生活の支障から生じる苦痛であり、心理的苦痛とは、不安、いらだち、孤独感、恐れ、鬱状態、怒りなどの苦痛であり、社会的苦痛とは、仕事上の問題、経済問題、家庭・相続問題などの苦痛であり、スピリチュアルペインとは、心の支えが揺らぎ、生きている意味を喪失して、生きる道が見出せない苦痛であり、死の不安、罪の自覚となって表出する。これら患者の四つの苦痛をあわせて全人的苦痛という。一九六七年にセントクリストファーホスピスを設立したイギリスの医師シシリー・ソンダースが、四つの苦痛が患者にあることを明かした。[*8]

スピリチュアルな苦痛とは、老病死の苦しみが迫り、今までの自分でなくなる時、「なぜ私がこんな目に遭わなければならないのか」「私の人生は何だったのだろう」と思い悩むことであり、生きる意味を問いかけられる。自己を支えている基盤がゆらぎ、崩壊し、誰にも代わってもらえない苦悩にあえぐ、それがスピリチュアル・ペインである。仏教における「苦」の言語duḥkhaは、「思いのままにならない」という意味である。まさに、自分が自分らしさを失くして、思いのままになれず、未解決な問題に心悩ませ、死後の不安から神や仏への救いを求める気持ちでもある。

●スピリチュアルケア――心のケア

谷山洋三が定義するように、スピリチュアルケアは、未解決な問題を解決し、自己の支えとなるものとのつながりを再確認することを通して、生きる力を育む援助である。ケア、看取りとは何か。ケアの原点に、「何かをすることではなくそばにいることである（"Not doing, but being."）」という言葉がある。絶望的な状況に置かれている人に、何もできなくてもそばに寄り添い、話を聞くだけで支えになる。寄り添うとは、特別な技術や個人の能力を役立てて、相手の心を聞き支えるのではない。言うに言えない人々の悩みに向き合い、その場にいることである。腹を据えて聞こうとすることである。臨床宗教師は、一人ひとりの解決のつかない課題に向き合い、相手と共に答えを探す宗教者である。

この"Not doing, but being"というスピリチュアルケアをよく示している経典がある。親鸞が信巻に引用し『涅槃経』梵行品である。そこには、王舎城悲劇における阿闍世《あじゃせ》王の救いが説かれている。

自らの罪を慚愧している阿闍世に対して、釈尊は何も言わずにそばにいた。「なぜこのように罪を犯した私のそばに釈尊はいつづけてくれるのか」、そう阿闍世が耆婆《ぎば》に問いかけた。耆婆は、「罪を慚愧しているあなたのそばに釈尊がいるのは月愛三昧《がつあいざんまい》であると答えた。ちょうど月光が夜道を行く人を照らし歓喜を与えるように、闇の中で青蓮華を咲かせるように、釈尊がそこにいることが、光のようなぬくもりとなったことを示している。

このように、スピリチュアルケアを、『涅槃経』を基盤にして説明するならば、大悲の光を浴びて宗教者が共にいること、それが光のようなぬくもりとなることを教えている。月愛三昧とは、闇を照らす月のように、大悲の光を受けて「そこにいる」ことであるといえるだろう。泥の中から咲く蓮の花のように、悲しみの中から花が咲きますように。

●大学院実践真宗学研究科における臨床宗教師の実践理念

実践真宗学における臨床宗教師の実践理念は、仏教・浄土教の人間理解、死生観、救済観を依りどころとする。如来の大いなる慈悲に抱かれ、御同朋として、僧侶が困難にあえぐ人のそばにいて話を聞き、相手の人生の全行程をまるごと認めるところから宗教的ケアが始まる。その意味で、ケアとは、様々な面を持つその人の人生の物語をそのままに受けとめることであり、苦境の中で相手が示す優しさや真心に学ぶことである。人は誰しも、苦しみのなかで、自らの人生の意味をふりかえる。自分の失敗や罪を慚愧する。許しあいたい気持ち、愛する人々への感謝があふれる。また、「すべての者は暴力におびえる。すべての生きものにとって生命は愛しい。己が身にひきくらべて殺してはならぬ。殺さしめてはならぬ。」(『ダンマパダ』一三〇偈)「世のなか安穏なれ、仏法ひろまれ」(親鸞聖人『御消息集』七)等と説かれるように、仏教を機軸とする臨床宗教師は、非暴力と平和な社会の実現を願う。

こうした臨床宗教師の実践理念は、「屑籠のように人々の悩みを受けとめる」「ぬくもりとおかげさま」「くつろぎ」「摂取不捨」「知恩報徳」「自信教人信」「常行大悲」「決して見捨てられることのない仏の大悲に抱かれて、御同朋として人々の悲しみに寄り添う」というビハーラ活動の理念に表れている。

ここで、宗教者の社会実践の礎となる言葉を紹介したい。

浄土真宗本願寺派第二十四代大谷光真ご門主の言葉が、被災地や病院において宗教者が実践する際の原動力となっている。

阿弥陀如来の慈悲に救われていると知ったものが、自分の不完全さから目をそらさず、自らができることをする。私の行為が慈悲なのではなくて、阿弥陀仏の慈悲の中で、今何ができるかということです。聖道の慈悲を「自力」、浄土の慈悲を「他力」といってもいいのですが、他力だから何もしないで惰眠を貪っていていいわけではありません。不完全な存在であるという自覚のもとにできることからやるのです。……まず自分の愚かさを認めることからはじめないと、

現代社会において一切衆生は容易に恢復されません。(『愚の力』一八一～一八六頁、文春新書)

至らない自分がそのまま大悲に抱かれている。亡き人から受けた愛情や優しさが死別した後も自分自身の心に生きている。こうした大悲のぬくもりと自己を支えるものとのつながりが自己を突き動かし、限界を知りつつも、なお相手を想う姿勢が生まれてくる。微力ではあるが無力ではない。親鸞浄土教を基盤とした実践、それは、如来の大悲に抱かれた愚者の実践であるといえよう。

●2015　臨床宗教師研修で学んだ大切な物語

●あそかビハーラ病院　全国初の独立型緩和ケア病棟に認定(二〇一五年五月)

二〇一四年六月、医療カンファレンスに臨床宗教師研修生も初参加した。医師・看護師・ビハーラ僧らがチームを組み患者を支える。緩和ケア医、大嶋健三郎院長より、大切なことを学んだ。

患者を見守る方々に

「あなたにできることはたくさんある

毎日顔を見せること

笑顔を向けること

学校の話をすること
手を握ってあげること
やりたいと思ったことは
来週やろうと思わずに
今週やらなければならない
近未来に目標点があれば
今に意味がうまれてくるはずです」

●悲しみをどう受けとめるか

アール・A・グロルマン『愛する人を亡くした時』

大切な人と死別した悲しみを理解する書に、アール・A・グロルマン（Earl A. Grollman）著『愛する人を亡くした時』（Earl A. Grollman, *What Helped Me When My Loved One Died*, Boston: Beacon Press, 1981――原題訳　私の愛しい人を亡くした時に、何が私を助けてくれたか）がある。[*9]

「子どもを失うと、親は人生の希望を失う。

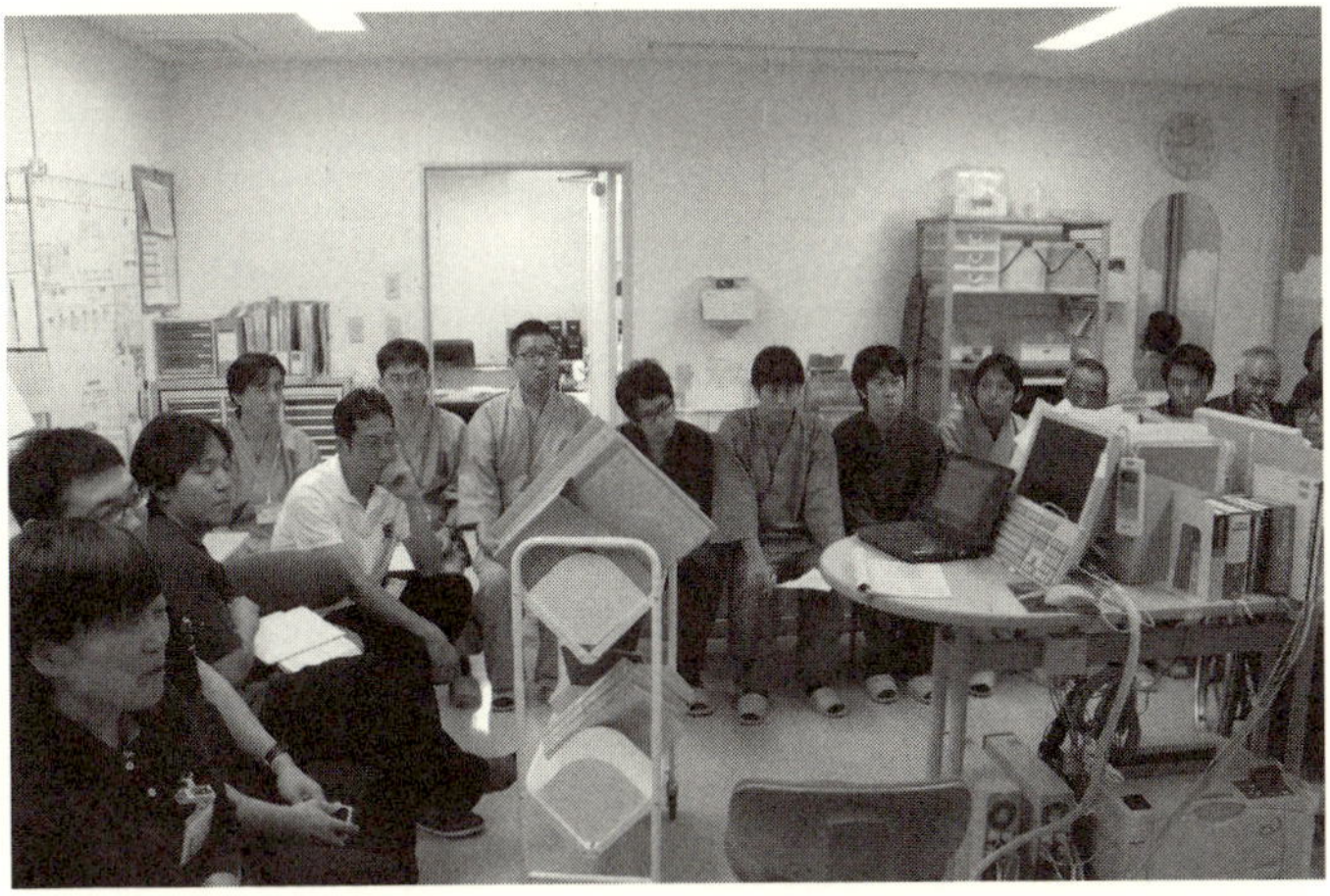

配偶者を失うと、共に生きていくべき現在を失う。
親を失うと、人は過去を失う。
友を失うと、人は自分の一部を失う。」

アール・グロルマンは一九二五年生まれで、カウンセリング専門家であり、アメリカのマサチューセッツ州で、ユダヤ教の聖職者ラバイ(ラビ:Rabbi)として三六年間勤めた。また、本書に、エイブラハム・リンカーンの言葉を紹介している。それはリンカーンが、三人の愛息、エドワード(四歳)、ウィリアム(十一歳)、トーマス(十八歳)を亡くした後の言葉である。

「私たちが住んでいる、この悲しみに満ちた世界にあっては、悲しまない人など一人もいません。悲しい時には、胸が張り裂けそうな苦しみを味わいます。その苦しみは、時を待たねば、完全には消え去りません。やがていつの日か心の晴れるときがこようとは、いまは夢にも思えないことでしょう。けれども、それは違います。あなたはきっとまた、幸せになれます。この確かな真実を心にとめることで、いまのみじめな気持が少しは和らぐはずです。自分自身の体験から、それは確かだと申し上げましょう。[*10]」エイブラハム・リンカーン

●野口雨情『シャボン玉』
日本人は、いのちのはかなさを、露、泡（うたかた）、桜にたとえる。詩人野口雨情は、幼子を亡くした親の悲痛さを、シャボン玉にこめて歌にした。『シャボン玉』は、１９２２年、仏教児童雑誌『金の塔』に掲載された。

シャボン玉飛んだ　屋根まで飛んだ
屋根まで飛んで　こわれて消えた♪
シャボン玉消えた　飛ばずに消えた
産まれてすぐに　こわれて消えた♪
風、風、吹くな　シャボン玉飛ばそ♪

シャボン玉の美しい輝きとはかなさに込めた野口雨情の想いは、亡くした子どもに対する親の切実な心情である。

●阪神淡路大震災の体験――大災害をどう受けとめるか
私は日本の神戸市で生まれ育った。一九九五年一月一七日午前五時四六分に発生した震度七の阪神淡路大震災を経験した。ガシャーンガシャーン。大地から突き上げられて動けなかった。寺院の塀や山門倒壊、建物半壊。余震がつづきこれからどうなるのだろうと怖かった。総務省消防庁『阪神淡路大震災について（確定版）』（二〇〇六）によれば、死者数六四三四人、行方不明者三人である。世界中の人々が、その災害時の厳しい生活を支援してくれたことを忘れたことがない。皆様にいただいた優しい真心に心から感謝の気持ちを伝えたい。一人ひとりの支援が、生きる力となった。

災害直後、盗難がなかったわけではないが、群衆レベルの略奪や暴動がなかったことは、大震災の中で救いだった。それは地震直後、誰もがお金や物よりももっと大切なものがあるということ、いのちのはかなさと尊さを改めて強く感じたからだろう。家族を失い、家をはじめとする家財を失った人は後悔や罪責感にうちのめされた。いのちが助かった人々も、いのちの無常や人間の無力さを痛烈に思い知り、呆然としながら互いに助け合った。世界でも「社会性や公共性を重んじる神戸」などとして報道された。

Time（1995. January 30）には、次のように記されている。

Despite their misery, the survivors are quiet and stoical. “Shoganai,” they say, it can’t be helped. A monumental tragedy had arrived, but it, like so many before it, would pass. Occasionally there is weeping, but there is no hysteria, no yelling, and grief is muted, even private. The adjoining rooms have been turned into temporary morgues, and all night long there is solemn traffic between the room of the living and those of the dead. Survivors enter to identify a relative, then return and lay their own bedding next to the body in order to fulfill otsuya, the Buddhist practice of spending a night with the newly deceased.

BY DAVID VAN BIEMA, Time, January 30, 1995

こうした困難の中で助け合う姿勢は、東日本大震災においても見られた。

では、悲しみの中で、互いに支えあう姿勢はどこから生まれてくるのだろうか。文学作家の村上春樹は、二〇一一年六月九日にスペインでカタルーニャ国際賞を授賞した際、記念スピーチで、こう述べている。[*11]

「我々は「無常（mu・jo）」という移ろいゆく儚い世界に生きています。生まれた生命はただ移ろい、やがて例外なく滅びていきます。大きな自然の力の前では、人は無力です。……しかしそれと同時に、滅びたものに対する敬意と、そのような危機に満ちた脆い世界にありながら、それでもなお生き生きと生き続けることへの静かな決意、そういった前向きの精神性も我々には具わっているはずです。」

日本人の誰もがもっている無常観が、忍耐強さ、礼節さ、支えあいの心を生み出していると話した。

日本人には、仏教の諸行無常の真理が示すように、遥かいにしえから受けつがれてきた無常の人生観がある。桜が咲いて散り、紅葉が赤く染まって散るのを見て、自らの人生をふりかえるように、世間のうつろいやすさ、命のはかなさを知っているから、つらい時に人々は支えあうことができるのであろう。

私自身も大震災を経験して、無常の真意とは何であるかを考えるようになった。本来、諸行無常は、ありとあらゆるものが移り変わって、とどまらないことを意味する。やがて大震災を体験して、その無常観に、二つのぬくもりがあることに気づいた。

第一に、無常観は、天罰や天譴論のように人を裁く思想ではない。運命論のように諦める思想でもない。いのちははかなく、どうすることもできない死別の悲しみがあるから、生き残った自分を責めずに、互いに助け合って生き抜いていこうということを無常観は教えている。そして決して壊れない真実の教え、死別してもまた会える浄土をめざして生きていくことを指し示している。第二に、無常とは、同じ状態がつづかないという意味である。どれほどつらくても、支え合えばいつか必ず復興できる。無常は希望であり、悩みの闇にもきっと光がさしてくることを教えているだろう。

●親鸞聖人における愛別離苦への姿勢

「愛別離苦はあらゆる苦しみの根本である。愛が深ければ深いほど、より一層憂いも深くなる。」と

『涅槃経』に説かれている。人は別れの後で、はじめて愛の尊さに気づく。釈尊は、泥の中から咲く蓮の花のように、悲しみを転じて真実の生き方を開くことを明かした。具体的に、親鸞聖人は、三つの角度から、死別の悲しみに寄り添った。[*12]

第一に、悲しい時には涙を抑えなくてもかまわない、泣きたい時には涙すればいい、と親鸞聖人は説いた。なぜなら、仏が救おうとした人間は、もともと嘆き苦しむ凡夫なのであるから、平静を装い、無理に悲しみを押しとどめる必要はない。

第二に、悲しむ心を少し休ませてください、と親鸞聖人は説いた。

「かなしみにかなしみを添ふるやうには、ゆめゆめとぶらふべからず。もししからば、とぶらひたるにはあらで、いよいよわびしめたるにてあるべし。『酒はこれ忘憂の名あり、これをすすめて笑ふほどになぐさめて去るべし。さてこそとぶらひたるにてあれ』と仰せありき。しるべし。」(『口伝鈔』第一八章　『註釈版聖典』九〇七頁)

つらいときに、もし「忘憂(憂いを忘れる)」というラベルを貼ったお酒のボトルがあれば、思わず飲んでしまいそうである。ココアやチョコレート、コーヒーとケーキ、お茶と和菓子もいい。家族や心を許せる人たちと飲み物を酌み交わし、一緒に食事をすると、ほっとして、自然に笑顔が生まれてくる。

子どもは言葉で悲しみを表現することがむずかしい。子どもは遊んだり、叫んだり、絵を書いたりして、言うに言えない気持ちを表す。阪神淡路大震災の翌年、神戸市の山手幼稚園や六甲アイランドの小学校に、長野県飯山市の雪を届けたことがあった。浄土真宗本願寺派ビハーラ長野の僧侶による支援である。校庭に、二トントラックに積んだ雪を積み下ろし、雪のすべり台を作った。できあがった雪のすべり台に登り、子供たちと思いっきり声をあげて滑りおりて、ベショベショに濡れて笑った。つらい時、それでも笑うことが心の重荷を軽くしてくれた。

震災後、一月一六日から一七日にかけて、小学校で大地震避難訓練や水なし体験を行うようになった。ペットボトル一本の水だけで一日を過ごす経験である。それは子どもたちに水のなかった人たちの気持ちを体感させた。

第三に、死を超えた依りどころが心の中に生まれると、悲しみを乗りこえてゆけるようになると、親鸞聖人は説いた。この死を超えた依りどころとは、愛する人と必ずまた会える、という心の故郷、浄土である。亡き人は仏様になって、今も心に生きている。そうした死を超えた心のつながりを再確認して、生きる力を取り戻すことである。

●生きる意味はどこに

東日本大震災が起こってから、何かに突き動かされるような思いになり、龍谷大学の支援物資をマイカーに積載して東北の地を二八回訪ねた。私は阪神淡路大震災で多くの方々に助けていただいた。せめて今度は自分ができることをしたい。災害直後、二〇一一年四月八日から一〇日まで遺体安置所や避難所を訪問し、支援物資を届け、人々の求めに応じてお勤めをした。拙著『死別の悲しみと生きる』を配った。それが縁となり、その後も町職員の願いを受けて、行方不明者の家族や、愛する人を亡くした家族の住む仮設住宅を訪問しつづけた。

遠藤未希さんは、宮城県南三陸町の危機管理課に勤める町職員であった。遠藤未希さんは、二〇一一年三月一一日午後二時四六分の大地震後、防災対策庁舎の二階放送室で、「大津波が予想されますので急いで高台に避難してください。最大六メートルの津波が予想されますので、急いで高台に避難してください。」と町民にマイクで呼びかけつづけた。それは、ひとえに人々の安全を願って放送しつづけたものであった。しかし、大地震から約四〇分後に大津波が襲い、彼女は亡くなった。

実際の津波の高さは、気象庁の第一報六メートル、第二報一〇メートルの予想とは全く異なり、一六メートルにも及ぶ高さであった。防災対策庁舎の高さは約一二メートルであった。町職員は全員屋上に避難したが、防災庁舎の屋上四階部分まで水没したため、もはや逃げることもできなかった。二〇一一年四月二三日に、海上保安庁により、沖でご遺体が発見された。町職員や遺族の要請を受けて、泊浜避難所で五月八日に遠藤未希さんと阿部雪枝さんたちの追悼法要を行った。その後、遠藤未希さんの両親と交流を重ね、二〇一二年三月三日に、南三陸町のご自宅へうかがった。遠藤未希さんの両親はこう語ってくださった。

「多くの方々が未希の死を哀悼してくださったことを心から感謝しています。それと共に、娘の未希のとった行動を、美談にしてほしくないという気持ちもあります。未希は津波の恐ろしさを知っていたら逃げたにちがいない。未希が逃げていてほしかった。そんなに頑張らなくても生きていてほしかった。そう未希の夫も話してくれました。どうか津波の脅威を伝えてほしい。人間の驕りを捨て、自然への畏敬の念を忘れず、大地震や大津波の際には、誰もがすぐに避難することを教訓として伝えていってほしい。」

そして、未希さんの父親、遠藤清喜さんはこう話してくださった。

「悲しみは決して消えることはない。季節ごとに娘のことを思い出す。毎日、その日になすべきことを果たしてなんとか生活しているだけである。それから、少しずつこう思うようになった。生き残っている者には、それぞれ必ずその役割がある。そう思うようになってきた。」

母親はそばでその言葉を深くうなずいて聞いていた。この父親の言葉に心動かされた。未希への愛情を胸に刻み、皆様から受けた支援に感謝して、生き残った者の役割を知って精一杯生きていきたい。そういう気持であると察した。未希さんの両親の言葉は、二人がこれから進もうとする道を示しているとともに、聞いている私自身にもこれから生きる道として指し示してくれているように感じた。

それから未希さんの両親は、「感謝」「未来に希望を」と自ら書いた木製の置物を見せてくれた。それは心にぬくもりを与えてくれた。今後も私自身が、大震災の悲しみと無念さからあふれてくる大切なものを、被災地の方々に聞き、未来の世代に伝えていきたい。どのようなつらい別れを経験しても、一人ひとりが自分の人生に生まれてきた意味があったと思えるように。絶望の闇にとどく光を仰ぎ、自分も、大切な人々も愛せるように。そうした願いがあふれる。

[注]

＊1　中村元「ビハーラ活動の源流」一〜二頁。『ビハーラ活動　仏教と医療と福祉のチームワーク』所収。本願寺出版社。一九九三年。

＊2　中村元「ビハーラ活動の源流」十四頁。前掲書所収。

＊3　Vinaya, Mahavagga, 8, 26, 3. vol.1, p.302　中村元「ビハーラ活動の源流」に原文が詳しく紹介されている。『ビハーラ活動』六頁。

＊4　大正大蔵経二巻七六七中。また、『増一阿含経』一入道品第十二に、「その時世尊、諸比丘に告げたまはく、それ病者を瞻視することあらば、すなわち我を瞻視しおわるとなす。病者を看ることあらば、すなわち、我を看おわるとなす。然る所以は、我今みずから疾病を看視せんと欲す。諸比丘、我一人を見ず、諸天世間・沙門バラモンの施しの中

において、最上にしてこの施しに過ぐるものなし」（大正蔵二巻五六九下）と説かれている。
＊5　田宮仁「仏教とターミナル・ケアの方法論」二二六頁。水谷幸正編『仏教とターミナル・ケア』所収。法蔵館、一九九六年。また、田代俊孝（同朋大学教授・真宗学）も、ビハーラ活動や「死と生を考える会」に、一九八〇年代から取り組んできた研究者であり、私自身もさまざまな教示を受けた。田代俊孝『親鸞の生と死　デス・エデュケーションの立場から』ⅰ〜ⅱ頁、法蔵館、二〇〇四年。
＊6　田宮仁『「ビハーラ」の提唱と展開』一九頁、学文社、二〇〇七年
＊7　浄土真宗本願寺派社会部『ビハーラ活動の理念と方向性』一九八六年策定、一九九七年第二版。筆者はビハーラ活動十年総括を踏まえ、この『ビハーラ活動の理念と方向性』を起草し、ビハーラ活動推進委員の意見を集約して執筆する役を勤めさせていただいた。その経緯については次の論に明記されている。篁俊男「新しいビハーラの五つの方向性について」一頁、浄土真宗本願寺派『宗報』、一九九七年四月。本願寺ホームページ。
＊8　Edited by Dame Cicely Saunders, The Management of Terminal Malignant Disease, pp.232-241, London, 1984
＊9　アール・グロルマン『愛する人を亡くした時』四四頁、一三二頁、一六六頁、二〇〇頁、春秋社、二〇〇三年
＊10　前掲書七頁。
＊11　村上春樹　カタルーニャ国際賞授賞スピーチ、J-Cast News, http://www.j-cast.com/2011/06/25099480.html, 二〇一六年一月二七日閲覧
＊12　鍋島直樹『死別の悲しみと生きる』、本願寺出版、二〇〇一年

（第30回花園大学人権週間・二〇一六年十二月八日）

大阪府社会貢献事業の現状と課題

——制度のはざまに寄り添う社会福祉法人によるレスキュー事業

川島ゆり子

●**報告趣旨**

本学で地域福祉論を担当しております。人権教育研究会は第九九回と歴史を積み重ね、一つの大学で人権をテーマにしてずっと続けてこられていることは、すばらしいなと誇りに思っております。一〇〇回という記念すべき例会のプレ講義として担当させていただきます。

大阪府社会貢献事業として報告をしますが、今日お伝えしたいことは、地域の中で一人ぼっちで声も出せず、大変な思いで孤立している方、基本的人権も保障されない状況におられる方々です。

法律として基本的人権を守ることは憲法で保障されてはいますが、それに手が届かない方々がたくさんいる。そこで民間の取組も大事になってきます。特に民間の取組の中でもボランティア活動、地域住民の助け合いなどは心・思いで動くものもありますが、今日取り上げたいのは公益性をもつ社会福祉法人という組織が取り組んでいるものです。

法人というのは公益的な立場ということで、社会福祉法人や学校法人は一般の民間より公益性がある組織です。そういう組織が社会貢献をするとはどういうことかを、みなさまといっしょに考えながら公益性のある組織が社会貢献をする意義について考えさせていただきたいと思います。

●現実の地域社会

今、社会の現状がどうなっているか。悲しいことですが、次のような記事が毎日、至るところで出ています。「新宿の団地、老いて独り」、また誰かが亡くなった。孤独死が日々社会で起こっています。「三歳の子が両親から虐待を受け、食事も与えられず、餓死した」という児童虐待の悲惨な状況も日々日本の中で起こっているのが現状です。一人の人として命を与えられ、この世に生まれ出た生命はどんな人の命であっても尊厳があり、守られなければいけないものです。

社会福祉学部がこの大学にあり、社会福祉のことを教えさせていただく教員が、この大学にはたくさんおりますが、命の尊厳を守るということは社会福祉の中でも最も根源となる、大切にしていかないといけない部分です。こういうケースや現状が日々起こっている社会について花園大学の人権教育研究会で、そんな社会をどうしていくかということを、みなさまといっしょに考えたいと思っています。

それはどういうことが理由になっているのか。団地で、独りで亡くなる、子どもが誰にも助けてもらえず、両親の虐待によって亡くなるということは、何かしらの「社会とのつながり」がなかったのかと思うわけです。

今、日本社会は「つながりが弱くなっている社会」といわれます。人と人とのつながりがなくなることが孤立。誰からも声をかけられない、誰にも助けを求めることができない。家族と家族がつながらないといわれています。隣の家は表札も出ていない、挨拶もしたことがない。近所という近隣関係も希薄化している。京都市でもマンションやワンルームマンション、公団もたくさんあります。隣近所で声のかけあいもできない、誰が住んでいるかも知らないということが、この都会の中にもある。

村落部分はつながりが豊かかというと郡部では過疎化が進んで、一軒、一軒と空き家が増えてしまい、知っているが、声をかけあうにもバラバラになってしまっていることもあります。近隣関係が希薄化しているのは決して都会だけの話ではない。世代と世代のつながりも、昔は向こう三軒両隣、隣のおじいちゃんが三軒先の子どもを叱るということがあったわけです。そういう世代間のつながりもなくなってしまっている。

もう一つ日本社会の中の大きな分断とされているのが「格差社会」といわれるものです。富む人は大きな財産をもつが、困窮している人はものすごく困窮している。その間を、アメリカンドリームの映画だったら困窮から成り上がることもあるかもしれませんが、現実の社会はそういうことは難しくなっていて、困窮世帯で子どもが生まれると、ずっと困窮状態のままで続いていく。豊かな家庭に生まれた子どもは塾代も習い事の費用も豊かに出してもらえてどんどんチャンスが与えられ、大学を出て一流企業に勤め、また富んでいくという、その間が埋まらないのが「格差社会」といわれます。

いろんなところでつながりが弱くなっている、切れてしまっている社会の中で声を出せずに一人の尊い人命が失われているという事件が起こっているのが現実かなと思います。

数字で、日本の単身化する社会の進行を見てみたいと思います。ひとり暮らしの数字のグラフでは、二〇三五年の予測値で「単身世帯」が三七・二%。二〇三五年には三軒に一軒がひとり暮らしになるだろうという恐ろしい数字です。三軒並んでいるうちの一軒はひとり暮らしのご家庭です。

二〇三五年は団塊世代の子ども世代が高齢期になる時期です。年代としてたくさんの数がいる世代が高齢になり、ひとり暮らしがどんどん増えていく。三分の一がひとり暮らしで、多くの世帯は高齢者の世帯です。しかし孤立する世帯は高齢者だけでなく、母子世帯家庭も増えてくるだろうと予測されています。

また結婚できない人たちが増えていく。二〇歳の男子大学生に一〇年たって「自分たちは結婚していると思うでしょう。あなたたちのうちの三人に一人は一生結婚できないというと、どう思う?」

ときくと、「僕じゃないです」といいますが。結婚せずに独身を貫くと自分の子どももいない。その人たちが高齢になった時、高齢者ひとり世帯になる。単身世帯が増えていく。

上野千鶴子さんのベストセラー『おひとりさまの老後』に、「老後は楽しく生きていこうよ、大丈夫、明るい」と書いてあります。老後をエンジョイする明るい物語だけではなく、もう一つのベストセラー『下流老人』の藤田孝典さんは、三〇代の男性でソーシャルワーカーの方ですが、「たとえ今、年収四〇〇万円あったとしても、あなたが老人になった時、悲惨な生活が待っているかもしれない」とネガティブな物語が語られます。

その人が豊かなエンジョイできる老後になるか、年収四〇〇万円が若い時にあったとしても、悲惨な老後を迎えるか、どちらにしても日本の現実の世の中は「自己責任」なんです。「自分が備えないから、自分が年金をちゃんと納めていないから、自分がちゃんと家庭を防御していないから、ひとりぼっちになるのはある意味、あなたのせいだよね」といわれる冷たい社会が今の日本です。こういう社会は一人の人の命をきちんと守れる社会だろうか、みなさんといっしょに考えていかないといけないことだと思っています。

●制度のはざまで

一つの事例を紹介させていただきます。私は現在、制度のはざまのケースに対して支援するソーシャルワーカーの方たちが難しいケースを持ち寄って事例検討し、どんな支援をしていったらいいか、グループで話し合う事例検討会のスーパーバイザーをさせていただいていますが、そこでの事例です。

「六四歳の男性。ご両親も兄も他界している。現在、両親と暮らした家でひとり暮らし。ご本人は高卒から二五歳まで働いていたが、職場でのストレス、いじめなどがあり、働けなくなって精神的にしんどくなり、そのまま家に引きこもり状態になった。二五歳からひきこもりを四〇年くらい続けている」。現実のケースです。両親の遺産は若干あったが、数年で使い切ってしまい、アルコール中毒になり、昼間からお酒を飲む。空き缶回収をされていて何とかその日を暮らし、三〇〇〇円でパンを買うとかして、ごみ屋敷状況の家で暮らしているというケースがありました。

このケースを見てお気づきになるかと思いますが、この方は、空き缶を集めて歩き回っているように、元気です。介護保険にもかからない。持ち家がある。生活保護の対象にもならない。本人は何とか日々暮らして、「何とかなっているから大丈夫、ほっといてくれ」とおっしゃる。しかしこの状況はあまりにも大変だと周りが心配して相談支援機関につながったケースです。

もし誰かが気づいて相談支援機関につながらなかったら、この方はごみ屋敷の中で暮らしているままだったことでしょう。この人のために何か社会保障の制度があるだろうかと思っても、介護保険もアウト、生活保護もアウト、アルコール依存症はこの人の自己責任で、本人は「大丈夫、ほっといてくれ」と。

ここにつなげることができる制度はないということですね。このような制度のはざまのケースが社会の中でたくさん増えてきて、しかも声が出せない状況です。この人のケースを考えても、この方は課題満載です。年金の掛け金を払っていないので六五歳になっても無年金状態になります。ごみ屋敷だし、生活も困窮している。アルコール依存で社会的孤立になっている。空き缶を集めているが、セキはするし、腰は痛い。体調不良になっている。いろんな課題が重なりあい、複合的にからまりあっている。

こんな状況になって、なぜこの方は声を出せないのか。「こんなにしんどかったら自分で声を出したらいいではないか」。ところがこういうケースを検討する時、よくいわれますが、あまりにもしんどいことが重なり過ぎると、ご本人も「一体、なんといって助けてといったらいいかわからない、どこの窓口に助けてといったらいいかわからない」と本人自身、どうしたらいいかわからない。声が出せないケースが増えています。

この事例は高齢者のケースです。しかし、このように制度のはざまに陥るケースは高齢者だけではない。社会福祉、介護のイメージとして「社会福祉は高齢者への支援」というイメージをもっている方もありますが、子どもも、このはざまの状況に生きています。今、日本の子どもたちは全体の六〜七人に一人が貧困状況にあるといわれています。貧困が社会福祉の大きな課題にはなっていますが、高齢者だけではない。子どももそうです。

所得ゼロから何兆とある人まで並べていき、真ん中が中央値。真ん中のまた半分、ゼロから順に並べたうちの四分の一、低い方から四分の一までにあたるところを「相対的貧困」といいます。この「相対的貧困率推移」をみて、その人たちがどういう状況になっているか。

子どもだったら「こういうことはあたりまえだよね」ということが手に入らない状況。剝奪されている状況。子どもたちが夏休みに絵日記を書いて「お母さんといっしょにディズニーランドにいきました」「おばあちゃんのところでみんなで楽しく過ごしました」と子どもが親といっしょにお出かけをすることはあたりまえのように思われていますが、四分の一の相対的貧困の状態にある子どもたちは「家族で外出」を知らないということがあります。

事例検討の中で聞いたエピソードです。ある人がマクドナルドのポテトとかハンバーガーを買って困窮している子どもたちが遊んでいる場に差し入れをしました。すると生まれて初めてマクドナルドを食べたという子どもが、その中にいた。見た目はわからない。元気に遊んでいるし、洋服が汚れているわけではないのですが、「あたりまえだ、当然だ」と思っていることが剝奪されている子どもたちがいる。家族で外出したり、あたたかい部屋で冬を過ごすことができない。

家に本があるのが当たりまえのように思われていても、うちには本が一冊もないという子どもがいたりする。絵本を読み、本を読んで自分の経験を積み、想像を膨らませて「こんな人になりたいな」、シュヴァイツァーを読んで「こんな人になりたい」とか野球選手を見て「イチローみたいになりたい」とか夢を描く。本を読んだり、テレビを見たり、いろんな方法で夢を描いていくと思いますが、そういうことが奪われている。

中学の部活についても、部活は用具がいる。バスケットシューズがいるとか、サッカーのスパイクがいるとか、野球部ではグローブがいる。そうすると部活に入れない。それを子どもは言えないんですね。お母さんに「部活したいから、グローブ買うお金が欲しい」といえないことが子ども自身もわかっている。自分の家がどういう状況か。お母さんにはいえない子どもたちの「声に出せない声」があったりします。「部活するなんて、あたりまえ、家に本があるなんてあたりまえ、マック食べるなんて、今どきの中学生なんて全員やっていることでしょう」。そういう経験が奪われている子どもたちがいる。それが六〜七人に一人の割合でいるということを私たちはあまりよくわかっていないのです。

私が大阪で行った調査で、剝奪されている子どもたちの状況を知りたいという動機から実施したものがあります。生活困窮者支援の制度にかかわったケースの中で、母子世帯のお母さんたちを調査したものです。経済的にしんどいお母さんは精神的にもしんどいお母さんが多い。うつ状態になっている。そういうお母さんたちの家庭について調査をさせていただきました。

平成二二年〜二四年度の生活困窮者支援制度にかかわったケースで、三八軒のご家庭の調査です。困窮状態でどれだけしんどい思いをしておられるか。家賃を滞納している、光熱費を滞納しているというギリギリの状況です。三八軒のうち家賃滞納があって光熱費の滞納がない人もいるし、光熱費の滞納はあるが家賃の滞納はない人もいますが、家賃も光熱費も滞納している、もうちょっというと命が奪われかねないギリギリの状況のケースが、三八軒中五軒もありました。

お母さんの精神状況が思わしくなくて、うつ状態にある。家賃も光熱費も滞納してガス、電気も止められています。光熱費が止められる順番があるんですね。電気、ガスが先に止まる。水道は最後。どちらかが払えない状況になっている人が調査では三割近い方でした。母子世帯で困窮が重なりあっていて、それでも声が出せなくて、やっと社会貢献事業につながった方たちです。

その方たちのしんどさに、DVも加わっていました。母子世帯の方でDVの経験があった方が、およそ三割おられました。大変だと思います。DVを受けた経験があり、ガスも水道も電気も止められて家賃も払えなくて自分もうつ状況でしんどくなっている。DVで元の夫から逃げてこられた母子世帯の方たちがおられる。

これだけ聞いたら「こんな場合は生活保護が必要」と、人権にご関心のある方は「こんな人たちこそ基本的人権を尊重しなくてどうする」というところですが、その調査の中で驚いたのは「生活保護を受給」している方は三八名のうち九名しかおられなくて、「申請している」という方が七名、申請しても通る保証はない。「申請予定」と答えられた方は一〇名です。自分はしたいと思っているが、まだ窓口にもいけてない方です。驚くことに「申請却下」もありました。三名が却下。窓口にいって「生活保護を受けたい」といって三名が却下されていた。申請すらしていない方も五名おられました。

母子世帯のお母さんは年齢的には若い、未成年のお子さんを育てているので二〇~四〇代。生活保護の窓口にいくと「あなた、まず働くことを考えましょうか」といわれる。生活保護は働けなくなって、どうしてもという方の制度であり、働ける自己能力があれば、そちらを優先する。これが日本の基本的人権を尊重するという生活保護の実態です。生活保護の窓口のマニュアルにも文書としては書いてありません。

こんなことは基本的人権としてあってはならないことですが、窓口へいくと、三〇代で何とか働こうと思っているお母さんは生活保護より、電気を止められていようが、うつ病で苦しんでいようが、働けそうだったら働くことを推奨するというのが今の流れです。

これは「社会的排除」をされている状況だと思います。基本的人権は誰しもがもっている権利であるはずなのに社会から排除されている状況の方が、調査させていただいたケースの中で、これほどある。「つながりの弱体化」ということで社会的にもひとりぼっちで「孤立している、相談する相手がいない」というお母さん方が圧倒的でした。「どこに相談したらいいのかわからない」、元夫に相談できない。DVから逃れてきたということは元夫の居住地から転居してきている。周りに知っている人もいない、友だちもいない。ダブルワークで働く、働き詰めで友だちと遊びにいく余裕すらない。そういう状況の中で誰が相談相手を見つける余裕があるだろうかということです。

「離婚したのは自己責任だ」「母子世帯で働くという道を選んだのもあなたの選択でしょう。自己責任だ」と。そういうことを許している社会だと、そこで育つ子どもたちは塾にいけなかったり、相対的貧困の状況の中で部活に入れなかったり、進学も諦めないといけなくなる。低学歴、低収入、失業、家庭崩壊が重なって次の世代まで連鎖していくのです。こういうことを何とかしないといけないということが社会福祉として、社会として考えないといけないことだろうと思います。

基本的人権があるということ、憲法二五条は日本が誇るべきもので、すべて国民は誰であっても基本的人権は守られないといけない。健康で文化的な最低限度の生活を保証する。家賃が払えず、水光熱が止められ、うつ状態で、でも働けということが果たして健康で文化的な生活なんだろうかということです。

憲法一三条の幸福追求権、お母さんも子どもも幸福追求権は人権として保障されているわけですが、楽しく部活をする、絵本を読むという子どもの人権ですら奪われてしまっている状況をどう考えるべきか。「自己責任」論でほんとうに社会はこのままでいいのか。

「公益的組織」として、こういう問題をどう考えていったらいいか、「大阪府社会貢献事業」についてお話をさせていただきたいと思います。社会福祉法人の改革が今、いわれています。そのバックには社会福祉法人のあり方を問う、それが厳しくいわれているという社会的背景があるんですね。社会福祉法人は営利法人と違う。補助金が入っていて制度として守られている、ということは、一般の企業と足元を揃えるためにイコールフィッティング、一般の営利法人とは違う存在意義を示せといわれています。

●大阪府社会貢献事業

営利法人は税金優遇とか補助金がない。社会福祉法人は底上げしてもらっているというイメージ。

営利法人と社会福祉法人が同じことをしていたのでは底上げしてもらっている社会福祉法人が有利ということになります。そこで存在意義を示そうとすれば「社会福祉法人だからこそできる社会貢献をやってこそ営利法人と初めてイコールとなるだろう」ということで、「社会福祉法人は存在意義を示せ、営利法人が手を出せないような社会貢献をやってみろ」というのが今の社会福祉法人につきつけられていることです。

社会福祉法人の社会貢献についての報告書でこんなことが書かれました。「地域における公益的な取り組みの必要性」。公益的というのは「社会に役立つことをやれ」ということです。社会福祉の仕事をしているだけでなく、もう一歩進めろと。採算がとれなくて営利法人では手が出せないところ、制度のはざまで誰も手が出せないニーズに対して社会福祉法人は責任をもって手を伸ばすべきだと。その意味で大阪の社会貢献事業が今、進められています。

仕組みを紹介しますと、この取組は大阪府の老人福祉施設協議会から始まっていますが、社会福祉法人が拠出金を出し合い社会貢献基金を設立する。この大きな財布の管理は大阪府社会福祉協議会がしていますが、そこに毎年基金を入れていく。お金をプールして基金にすると同時に、社会福祉施設の職員の中から社会福祉法人の貢献事業を担当するコミュニティ・ソーシャルワーカーという人材も出します。基金のプールがあり、人員も施設から出してもらう。大阪府社会福祉協議会でとりまとめをする職員がいて生活困窮する世帯の相談を受け付け、社会貢献基金を使い、ただ励ますだけではなく、光熱費が払えず、明日から水道も止められてしまう状況の時には社会貢献基金を使って光熱費を代理で支払う。

民間がやる事業なので「一〇万円までだったら、使っていただいてまずは人生を立て直してください。返さないで結構です」となっています。社会福祉施設でもともと働いていた方が相談員として相談を受け、一〇万円までであれば現物給付をします。例えば食料品を買う、光熱費を代理で払うといったことを行い命の尊厳が脅かされる状況をストップする事業をやっています。

社会福祉法人が社会貢献をしようとネットワークを組む。社会福祉法人がネットワークを組むことは大阪で始まり、滋賀県では「縁（えにし）事業」として行われています。残念ながら京都府はまだです。大阪があって滋賀があって京都が抜けているということで、また考えていただければと思っています。

公益性をもつ社会福祉法人の挑戦は民間性の強みを生かしています。租税の枠組みでやってしまうと「ここまでの人は制度が使えるが、ここからの人はだめです」と区切りをつくらないといけない。民間の財源であることから「とにかくしんどかったら、悩みがあるなら相談してくれていいよ」と総合相談を受けることができる。

年齢や収入にかかわらず、総合相談を受けることができる。しかも現物給付支援ができることが強みです。租税でお金を給付することになると縛りがかかる。しかし、民間の社会福祉法人がやっているので専門性があり、自由度もある。人材を出す、専門性をもっている相談員がやるからこそ専門性の支援ができる。

地域のみなさんといっしょにやっていることも強みです。物品のご寄付をいただき、ごみ屋敷を片づけるなど、地域のみなさんのご協力を得ていっしょにその方の支援を展開できるのも強みだと思います。

ただ社会貢献事業には問題もあります。現物支援はできますが、その人の悩み事全部を解決することは難しい。事業の限界もあります。幅広い総合支援ができる専門職、ソーシャルワーカーの人材も不足しています。法人が人材を出すわけで、人材不足の法人はなかなか人を出せない。

人材養成も課題となります。そもそも制度そのものに不備があり、支援が必要な人を制度が受け止めきれていないところに根本的な課題があるわけですが、補助金をもらっている社会福祉法人としては大きな声で文句をいえない。制度の不備に声を上げることについては弱い部分があったりします。

●社会福祉法人以外に公益性をもつ組織

社会福祉法人が社会貢献事業をやっていることを踏まえ、もう少し話を広げていきたいと思います。公益性をもつのは社会福祉法人だけではない。公益性の組織はNon-Profit Organization、営利を目的としない組織、社会問題の解決をすることが一つの使命とされています。

サラモンという人がＮＰＯの定義をしています。①公式に設立されたもの。②民間（非政府）組織であること。③利益配分をしないこと。④自主管理していること。⑤有志によるもの。⑤公益性があること。

定義を広げていくと実は学校法人もＮＰＯの一つであるとされています。宗教法人、学校法人、広い意味で公益性のある法人は社会の課題があり、そこから排除されている人たちがいるならその人たちに何ができるかを組織の使命として考えないといけない。

宗教法人を母体とした、「おてらおやつクラブ」という取り組みがあります。参加しているお寺は宗派を問わず、妙心寺派も真言宗も参加してくれています。おやつを楽しみに待っている子どもたち。お寺はお供えものがあります。いくら甘党のお坊さんでもそんなにたくさんお饅頭は食べられない。事務局はお寺ですが、余ってどうしようかと思っていた。どこに渡していいかわからない。「おてらおやつクラブ」を立ち上げたお坊さんが母子家庭を支援している団体とつながったんですね。

母子家庭の方の相談に乗り、支援している団体がある。お寺がその支援団体とつながって「おやつがほしくても買えない子どもたちがいる」という情報を摑んで、そこに「お寺のお裾分けをしてもいいよ」と賛同する寺院がネットワークを組み、子どもの住所などをお寺さんに伝える。近くのお寺さんが直接、ダンボールにお菓子などをいっぱい詰めて「お供え物のお裾分けです」と送るという事業です。

特にお金がかかっているわけではない。もともとあったお供えものを、余っているのは勿体ない、誰か使ってくれたらいいなというお寺の思いがあった。おやつを食べられない子どもたちがいるということを知った「おやつクラブ」の住職さんがネットワークを組み、お菓子を食べたいと思っている子どもにお裾分けのおやつを届ける。そんなに大層なことではなく、かかるとしたら宅急便の配送費くらいで、お寺さんが社会貢献として出している。今、賛同寺院が全国でどんどん広がっているそうです。妙心寺派のお寺さまも貢献していただければありがたいなと思っています。

大学も貢献できないか。いろんな大学が何か社会のために貢献できないかと思います。例えば、大谷大学は過疎地域と直接連携を組み、その地域で困りごとがある方のニーズを、いっしょにおうちを回りながら把握していって「学生に何かできることはないか」と探しながら地域貢献をしている取り組みもあります。お寺さんは「お供え物のおやつ」という資源がある。大学の資源は何か。若い学生さんがいっぱいいることも大きな資源です。その強みを生かす。

「今どきの若いものは」とよくいわれます。「社会貢献をしたいという若いものはそれほどいないのではないか」と思っておられるかもしれませんが、「何か役立ちたい」と思っている若い人の割合は実は他国に比べても遜色ない。スウェーデンが五三・七％なのに対し、日本はそれを超えて五四・五％の若者が「自分も役立つことがあれば役に立ちたいな」という意識をもっている。

ところが「自分の参加で社会が変わる」と実感できている学生の割合が少ない。実際に社会貢献をしてみて「役に立った」と実感を得る機会が若い人たちにとってなかなかない。こういうことを経験して「自分がやったことが役に立つ」という実感が増えれば「自分は社会の役に立つ」と感じる学生の比率も上がっていくと思います。

「役に立てたらいいのにな」と思いながら「どうせ自分は役に立たないだろうからやってもしょうがない」と諦めてしまっているのが、今の日本の若い学生の意識である、という調査結果をみると、社会貢献として大きなことはできなくても、少しでも、お寺のお供えものをお裾分けすることの学生版とか、何ができるかを考えていきたいと思っています。

宗教法人、学校法人も含めて社会的な公益性をもつ組織としての大学のあり方、大学も補助金が入っていますから大学も恩恵も受けているわけですから、大学がもつ資源として学生のマンパワー、教職員の人的資源、キャンパス、大きな建物があり、教室があり、中庭がある。ハードとしての大学キャンパスは資源だと思います。それをどう生かしていくかを考えていく。

大阪府社会貢献事業の事例を学びながら、学校法人の公益性を学生の教育の視点からも広くとらえ、学校法人として、公益性のある組織として大学は何ができるか、ここは妙心寺派の大学ですから宗教法人としても何ができるか。基本的人権を奪われている人たちはこの社会の中にたくさんおられることをまず知った上で、そのことをみなさんと課題共有しながら、自分たちは何ができるかを具体的に考えていく一つの足がかりにと思い、今日は発題をさせていただきました。これで終わらせていただきます。ありがとうございました。

〈質疑応答〉

司会　ご質問がありましたらいただきたいと思います。

質問　社会福祉学部です。二点お聞きしたいと思います。一点目。大阪府社会貢献事業を詳しく聞きたい。社会貢献基金は社会福祉法人によって毎年決まった額になっているのか、配分はどうなっているのか。社会貢献基金はどのような活動をしているのか。社会貢献支援員はどんな活動をしているか。コミュニティ・ソーシャルワーカーはどのような活動をしているのか。コミュニティ・ソーシャルワーカーと社会貢献支援員の違いについて。二点目は「おてらおやつクラブ」以外にもいろんな活動をしていると聞きましたので詳しく教えていただければと思います。

川島　大阪府社会貢献事業の社会基金は、各施設が同額ではなく、規模によって金額が違うようです。一〇万とか一五万とか毎年一回、年会費のように払う。社会福祉基金は金額として大きい。ただレスキュー事業は一〇年間で一〇〇〇件以上ということで年間一〇〇件。一〇〇件としても一〇万円となると、それなりの額になります。法人の規模に応じて、決まった額はありますが、基金がどんどん積み上がっていくわけではなく、かなりニーズが高いので、使って使って、自転車操業です。

「コミュニティ・ソーシャルワーカー」は各法人に机があり、法人の入り口のところに「社会貢献事業の相談を受け付けています」という看板があり、お電話があれば、その人につながります。法人の中にコミュニティ・ソーシャルワーカーはおられます。困ったことがあったらとにかくその人にいったら聞いてくれるということが浸透していますので、各法人の中のコミュニティ・ソーシャルワーカーに「ちょっと心配だけど」というと電話がつながります。「来所される方も電話相談でも何でも相談で結構です」と。コミュニティ・ソーシャルワーカーは相談を受けて内容によってすぐ動く実行部隊でもあります。

「社会貢献支援員」は大阪府社協に机があり、コミュニティ・ソーシャルワーカー一人では難しいケースをバックアップしていっしょに動く応援団です。大阪府全域の制度や情報をもっていて、具体的に動くコミュニティ・ソーシャルワーカーを助けて、そこに走っていってバックアップして支援を手伝うメンバーです。コミュニティ・ソーシャルワーカーは社会福祉法人の職員、社会貢献支援員は大阪府社会福祉協議会の職員です。

「おてらおやつクラブ」の他にお寺がしていることとしては、断片的に聞いた情報では、おやつのお裾分け以外に、お寺の境内を地域の資源として開放することがあります。寺子屋はそうだったと思います。お寺の境内で住職がお勉強を教える、地域の子どもたちが集う。現代版寺子屋ということで、塾にいくお金がないとか、夏休みに宿題をしたいが、家にクーラーがなくて暑いとか、お父さん、お母さんが仕事に出ていて家に誰もいない、子どもだけになっている子どもたちを夏休みに集めて宿題を本堂でやって、その後、おそうめん食べて、すいかを食べて、皆で遊ぼうかという、夏休みに子どもたちの居場所として開放されている。

「子ども食堂」もニュースで見聞きされると思いますが、「夜一人でご飯を食べている子どもたちが地域にいる」と聞いた住職さんが、お寺は法事があるので食器がたくさんある。長い机もある。大きな厨房もあるので、そこでお食事の用意をして夜、一人で食べる地域の子どもたちに集まってもらい、いっしょに晩御飯を食べて帰ってもらうという取り組みをお寺さんがやっているとお聞きしたことがあります。お寺さん自身も、檀家さんが高齢化されてきて若い世代とつながらないことを悩みとしてもっているようで、子ども支援を手がかりにすると地域のお母さん世代や子ども世代がお寺にきてくれる一つのきっかけになるんですね。

子どもに対する支援の取り組みとしてお寺さんがそういうことをされることをたくさん聞いていて、確かにお寺は地域の宝だなと。そこにお寺があり、鎮守の森があり、いろんな人たちが集っていた。そういうことが「人のつながりづくり」になるのかなと思っています。

質問　京都に社会貢献事業の制度がないということですが、何が障害になって実施できていないのか。京都のお寺さんは何をされているんでしょうか。

川島　私も教えていただきたい思いですが、大阪府の事業がなぜ始まったか。社会貢献をしたいが、自分の施設一つでは無理だなという諦め感からです。自分の施設だけでお金を出し、人員も出しというのは難しい。横とつながったらできるかなと考えられたわけです。自分だけではできないから他とつながる。

京都のお寺さんの場合、横をつなぐ時、宗派の違いとか、お寺さん同士のプライドとか、「自分のところだけではできない」といわないといけないことに抵抗感があるのかもしれません。社会貢献事業がつながらないところでお聞きしましたら「うちはうちでやっていますから」とおっしゃる法人もあります。「自分のところはやっている、人とつながらなくても」。それでいいと思っている。独立独歩型の自分の法人でプライドをもっているところは横つなぎが難しいかなと思います。

滋賀は障害者の施設が横につながるネットワークができていましたのでつながりやすい。大阪府は生活保護受給率が全国トップで制度のはざまのケースが多かったりするので、どうしようもない。「お手上げだからみんなでやろう」と。京都の法人はどうでしょうか。横つながりはありますか？

参加者の先生　地域包括支援センターのことしかわかりませんが、今は制度的に学区の地域ケア会議で民生委員とかを巻き込みながらやりましょうねといっています。市町村レベルの地域ケア推進会議で地域の課題を解決してというところで、サービスの問題点に関しては「何とかしないといけないよね」ということですが、制度が降りてきて「実際にどのようにやっていますか？」と聞くとトップダウンで情報交換だけで終わってしまっている。下から住民からの声をもう少し巻き込まない限り、横のつながりが見えてこない。制度があって、そこで解決するというものでもないだろうなと感じてはいます。なかなか難しいですよね。

川島　京都はちょっと保守的かなという印象をもっています。大阪でもこの事業を始める時に、実は反対意見があったんです。「なぜ金を出さないといけないのか、人を出さないといけないのか」と。大阪の制度が始まった時、一押ししたのは「とりあえずやってみよう」ということで始まったんです。どうなるというところまで計算せずに「とりあえずやってみて、だめだったらやめたらいいじゃないか」という、いい加減なところの方が実は進むのかなと思います。京都という土地柄が保守的で、だんどりを組んできちんと制度に則ってやっていくという意識が強いのかなという印象です。その検証はできていませんが。

質問　大阪の坊さんと京都の坊さんの違いはわかりませんか。京都の坊さんは高僧で、一休さんはどんな人が知らないけど、京都は高僧ばかりで寄りつきがたいような。大阪の坊さんと京都の坊さんの違いがわかれば。そこから自己変革しないとね。

川島　「おてらおやつクラブ」を始められたのは奈良のお坊さんです。「子ども食堂」とかは大阪の南の方の坊さんで民生委員を兼ねている住職の方です。民生委員の役割をもっていると、当事者のしんどさを直に聞くことができる。何かやらないといけないなと思う。面と向かってその人のしんどさを直に聞く、新聞記事だけで読むのとリアル感の違いがあるという気がします。

質問　いっしょに遊べる変革をしないと、理屈とお金だけの話になるから。人間がそうなっていかないとあかんのと違いますか。京都は高僧ばかりだから。

川島　私もそう思います。

司会　大阪とか下町の風情のあるお寺さんは昔から社会活動をされていて、セツルメントとかも下町を中心に展開していたことを思い起こします。

質問　「子ども食堂」ブームがあって、きっかけになった子どもの貧困対策として「子ども食堂」がセットで出てきたところがあり、子ども食堂を利用することが即、貧困につながって、「貧困だから」というイメージが先行する状況があったかなと思います。そういうことではないと伝えていくことも大切かなと。「子ども食堂」は貧困対策から始まったわけではない取り組みなので、そういったイメージが先行しないような伝え方のいいアイディアはないでしょうか。

もう一つはコミュニティ・ソーシャルワーカーが訪問することで周囲から当事者がどう見られているか、訪問されると余計に閉ざしてしまうとか、何回も根気よくいくこととか、周りの人とのつきあいとか、これから生きる人にとっては三六五日いるわけで、周りからどう見られるかということをどう考えるか。デリケートな部分もあり、周りの人への配慮とか、本人が生活している毎日に対してコミュニティ・ソーシャルワーカーがどのようにかかわっていくかを教えてほしいと思います。

すべてを解決することはできない。一〇〇％、何かの制度につなげていくことも難しい現状があると思います。はざまの人に対して、ソーシャルワーカーや社会貢献支援員の方がどのようにかかわっていかれるのか。地域福祉の「地域」のとらえ方もいろいろあって「この事業にとってこの地域」というのも変わってくる。区であったり、学区だったり。コミュニティ・ソーシャルワーカーですとどこかの行政で配置されれば行政の区の範囲はわかりますが、非営利法人であれば、どこまでどういう範囲で地域をとらえ、決めているのか。

川島　「子ども食堂」がブームになると、そこにくる子どもは貧困だと思われることを、どうするかということも出てきます。「貧困の子どもたちを支える食堂」となると「あの子どもは貧困なんや」となってしまう。貧困の子どもたちだけが集う食堂はおかしいと思っています。貧困であろうと、なかろうと「晩御飯を一人で食べている子どもたちがいることは地域にとって寂しいよね」と思う人たちがいれば、分ける必要はない。

地域で一人でご飯を食べているのだったら、おじいちゃん、おばあちゃんがきてもいい、誰がきてもいい。子どもたちは一〇〇円、大人は二〇〇円、食べる量が違うので少し値段設定は変えていますが、誰がきても晩御飯をみんなでいっしょに食べようと。地域で大きな家族として大きな食卓を地域の中につくることで、「みんなで晩御飯を食べよう」ということが「地域のつながりづくり」になったり、ご飯を食べている子どもの中で「気になるな」という子がいたら専門職が気になる子に声をかけるとか、その子どもの状況を専門的に知るようにアセスメントしていけたらいいと思います。先行的に始めたところは「地域の食堂、みんなの食堂」として意識してつくっているところができています。

コミュニティ・ソーシャルワーカーが訪問することで周りがどう見るか。本人が気になるのではないか。最初はそうです。コミュニティ・ソーシャルワーカーだけではなく、「誰もきてくれるな」という人も多い。「ほっといてくれ、自分のことはいい」と。ごみ屋敷でも「ほっといてくれ」と拒否される場合があります。

でもコミュニティ・ソーシャルワーカーが働きかけてかかわることによって、ご本人への支援だけではなく、周りに住む方に、ここのご本人がどういう状況にあるか、その方にどんな支援が必要か、周りの方にも理解していただきながらいっしょにかかわっていただく。周りにも働きかける。その方のところに通いながら隣にちょっと気にしている方がおられたら、そこにも伺い、気になっていること、心配で困っていることがあるかもしれないので、その思いを聞きながら、いっしょにご本人のことをどうしていこうかと相談しながら考えていく。地域の方たちを巻き込んでいくと「あの人はだめな人だ」とラベリングするのではなく、地域でいっしょに住む人として考えることになる。その人の家だけにいくのではなく、そんなかかわり方をしています。

課題が一〇〇％解決するわけではなく、無理なケースもあります。コミュニティ・ソーシャルワーカーが無理なケースを抱えこんでしまうとしんどくなるんですね。ごみ屋敷でどんどんその人が衰弱していっても、そもそも他のソーシャルワーカー、他の専門職が知らん顔のケースばかりの中でかかわっていたが、最後、その方が自死されたケースもあります。そういう時、コミュニティ・ソーシャルワーカーが心がけていることは「一人で抱え込まない。自分だけで何とかしようとしない」。問題山積みの方は一人だけで支えきれないので、できるだけ早く、この人を支えるチームをつくる。「一〇〇％解決は無理でも課題の一つでも楽になったらいいね」ということを目指していくことがコミュニティ・ソーシャルワーカーの支援です。

支える範囲は、最大でも広い範囲だと中学校区くらい。地域の中にどんな人が住んでおられるか、どんなしんどさの方がその地域にたくさん住んでいるかを把握しやすい意味では、理想上は歩いて回れる範囲、小学校区です。しかし人数的にも無理なので、せめて小学校三～五区の中学校区、自転車で回れる範囲に相談しやすい人が一人いるとわかると、ソーシャルワーカーの動きやすさもありますが、何かあった時、相談するにも、あまり遠いといけないですね。日頃、動き回っている身近な範囲で何でも相談できる人がいる、受け止めてくれる人がいることが地域住民にとっても安心感につながる。範囲はできるだけ小さい方がいいだろうなと思います。大阪の場合、中学校区に一人のソーシャルワーカー配置が目指されています。もう少し広いところもありますが、目標としては中学校区の範囲になります。

質問　こういった制度を地域の方が知る方法はどうなっていますか。いろんな制度が周知徹底されずに、本当に必要な人のところに情報が届いていないことが結構あります。この制度はとてもいい制度だと思いますが、実際に困っている人にどういう形でこの制度があると周知されていますか？

川島　とにかく伝わらないと意味がない。あるだけでは。コミュニティ・ソーシャルワーカーの方が任命されたら最初にやることは、地域のありとあらゆる行事に参加することです。地域に高齢者のサロンがあると聞けば参加する。顔のイラスト入りとか、コミュニティ・ソーシャルワーカーですと裏に大きな字でふりがなをつけて名前を書いた名刺をつくる。「何でも相談受付けます」と名刺やチラシをもってサロンや運動会にいき、地域の行事に参加して、とにかく顔を売る。広報に載せるとかホームページに載せるだけでは絶対に伝わらない。自分の足で一軒、一軒、民生委員のようにキャッチしやすい人には特に重点的に自分の仕事を説明して回る。足で稼ぐこと、これが着任して最初の三カ月の重要なミッションです。

質問　大阪の場合、公民館との連携もされていますか？

川島　自治体によって違うんですが、公民館運営をアウトソーシングで他の法人に委託しているところがあったり、直営のところとかいろいろですが、公民館自体のつながりは地域の方が活用される。民謡教室とかピアノ教室とか、その行事に出向いていって地域の住民の方とつながる。社会福祉法人が公民館の委託管理を担っている場合は、法人と直接つながってコミュニティ・ソーシャルワーカーの活動を公民館でさせていただくとか、公民館を使って「何でも相談」の出張窓口で「何曜日の何時から相談員が座っていますから何かあったらきてください」と定期的に設けているところもあります。何か困っても火曜日朝にいったら相談員の方がいるということで入りやすい。公民館でつながっていっしょにやっているところもあります。市町村によってあり方が違うので全部やっていますとはいえませんが。相談窓口を公民館でというところも多いです。

司会　私、セツルメントを研究している関係で、聞いていまして感銘を受けました。今回の副題の「はざま」という部分は日頃から気になっていることで、はざまには、はざまなりの理由がある。制度と制度の間のはざまも、誰も、はざまをつくりたくてつくっているわけではなく、はざまなりの理由があるわけで、そこには支え手の方のジレンマもあるし、受け手の方の苦しい叫びもあるのかなと思います。そこにどう寄り添うかは永遠の課題です。

一つはセツルメント的な考え方でいうと「隣の人になる」というところが今回のお話を聞いていてヒントになったなと思いました。まず町内会、地域の行事にできるだけ出ていく。地域の住民として「隣の人になる」ということなのかなと思いました。はざまというのは大変ですが、はざまは弱さが見え隠れする部分なのかなと思います。弱さというのは、実をいうと「つながる」ためには最も重要なポイントだと思っていまして、「弱さの連帯」がつながりなのかなと聞いていて思いました。大学が今後、社会貢献をどうやっていくかについて重たい課題かなと思いました。

大学拡張事業という形で大学の機能を社会に発信していくのは今に始まったことではなく、昔からあったことですが、改めて花園大学が今後どういうことができるかを思った次第であります。これで報告を閉じたいと思います。川島先生に最後に拍手をもって感謝したいと思います。ありがとうございました。

（花園大学人権教育研究会第99回例会・二〇一七年五月二十六日）

つまづきの石
――曹洞宗の差別事象をふり返る

中尾良信

文学部仏教学科の中尾と申します。「曹洞宗の差別事象」をタイトルとしていますのでお察しかと思いますが、私自身はこの大学の設立母体である臨済宗の僧侶ではなく、同じ禅宗でも曹洞宗の僧侶です。今日、お話することも曹洞宗門に関係して起こった差別事象を中心にということですので、ある意味では宗門内部のことになりますが、一般の方々が宗教と関わる、とりわけ仏教ないし寺院と関わる中で、さまざまな人権問題を惹起する可能性を含んでいることを、寺院や僧侶が意識するだけではなく、一般の方々にも意識しておいて戴きたいということと、私自身の振り返りとして、もう一度人権問題の要素を確認しておきたいと考えて、このようなテーマを選ばせて戴きました。

したがって多少、思い出話的な内容になるかもしれませんが、お許しいただきたいと思います。

今日が一〇〇回目ということですが、第一回目も私がお話をさせて戴きました。その時は仏教の基本的な教理の中で、差別的事象の根拠となったものを採りあげました。今日は「曹洞宗」という教団において、これまで起こってきた差別事象について、細かいことまで上げると枚挙に暇がありませんし、中には私自身が関わったものもありますが、宗門の中で一定の問題意識を喚起した、そのことによって宗門が動かされたものを中心に、お話していきたいと思っております。

「つまづきの石」というタイトルは何かというと、冒頭にお話する問題をきっかけにして、曹洞宗教団は運動体から糾弾交渉、確認会を受けたわけです。主に部落解放同盟広島県連などが中心となって行われた糾弾会の中で、当時の県連委員長で後に社会党から出馬して国会議員になられた小森龍邦氏が、「曹洞宗にとって人権問題は、一つのつまづきの石である。石につまづいたのだから、どうか足元を見直してほしい」という発言がありました。それを思い出してタイトルに使わせて戴きました。

●第三回世界宗教者平和会議差別発言

一九七九年九月、第三回世界宗教者平和会議がアメリカ合衆国ニュージャージー州プリンストンで開かれたのですが、そこでの差別発言に端を発する問題です。「人権と人種および民族」グループの報告書の原案を検討する過程において、その中に「われわれは、日本の部落民とか、インドのアンタッチャブルのような人びとの苦境に深い懸念を持つ」という文面がありました。これに対して当時の全日本仏教会理事長、この方は当時の曹洞宗宗務総長でしたが、グループの報告書の原案に対して「日本に部落問題、部落差別はない。部落解放を理由に何か騒ごうとしている一部の者がいるだけだ。日本の名誉のためにも部落問題の箇所は報告書より削除してほしい」と言い募ったため、結局報告書から削除されました。

臨済宗妙心寺派では宗務本所といいますが、曹洞宗では東京にある行政機関を宗務庁といいます。そこの責任者が宗務総長です。曹洞宗には永平寺・総持寺の二つの本山があり、本山の住職を禅師さまと呼び、両大本山の禅師が交代で曹洞宗管長となります。本山とは別に行政組織として宗務庁があり、曹洞宗の行政一般を担います。一九七九年当時の宗務総長は全日本仏教会理事長を兼ねており、立場としては曹洞宗宗務総長ではなく、全日本仏教会理事長として世界宗教者平和会議に参加していたわけです。

その後、世界宗教者平和会議におけるこの発言が新聞報道されて、国内でも大きな問題となった結果、世界宗教者平和会議日本委員会と、派遣の主体となった全日本仏教会、実際の発言者であった曹洞宗の三者に対して、部落解放同盟による確認糾弾会が行われました。とりわけ曹洞宗に対する糾弾会は相当な回数になり、宗門としての対応を迫られたわけです。発言者である宗務総長が町田さんという方でしたので、この問題を指して「町田発言」と呼んでいます。

一九七九年というと四〇年近く前になりますので、近頃の若い曹洞宗の僧侶にとっては、あまりリアルな感じではなくなって、まるで人権の教科書の中の問題のような気がするようです。私は当時、町田さんとお会いしてお話もしましたが、糾弾確認会を経る中で町田さんは、理解を深めて反省された結果、「発言は間違ったものであった」と自ら認めて撤回・修正されたわけです。その後ご本人は人権学習の講師として啓発活動に取り組まれ、自らの経験をもとにして部落問題に対する不理解を是正するための行動もとられたわけです。

このことを受けて、一九八一年には「同和問題に取り組む宗教教団連帯会議（同宗連）」が結成されました。宗派を超えた形で人権問題に対するさまざまな取組を行い、これ以降、一定の活動をしながら今日まで続いています。曹洞宗門の中の動きとしては、発言があって三年後の一九八二年、宗務庁の中に宗務総長を本部長とする「人権擁護推進本部」ができました。これで曹洞宗における人権問題に対する本格的な取組が始まったといえます。人権擁護推進本部には何人かの宗務庁職員が専従となったわけですが、問題が専門的な領域にも関わるため、人権問題に対する知識のある人間を嘱託職員として雇用したりもしました。

もっともこの頃は、曹洞宗門全体の中での人権問題に対する理解があまり進んでいない時期でした。「なんでそんなことで大騒ぎするんだ」という声もあったほどです。人権問題そのものに対して、とりわけ部落問題に対する反感も強く、それが人権擁護推進本部という組織に対する反感にもなりました。それは宗門内の僧侶一般だけではなく、宗務庁内の組織の中にすら、根強くありました。

後に宗務庁の係長職にある人物が、人権学習を誹謗中傷して糾弾を受けた事例もあります。人権擁護推進本部の存在が受け入れられ、活動が順調に進むようになるにはかなりの時間を要したといえますが、とにもかくにも組織として、人権問題に取り組もうという体制づくりが始まったということはいえます。

一九八四年八月、ケニアのナイロビで行われた第四回世界宗教者平和会議において、前回の発言者である町田氏と曹洞宗人権擁護推進本部の職員が参加し、全日本仏教会として正式に前回の発言を撤回し、改めて日本における部落問題の存在を訴えました。世界宗教者平和会議における差別発言については、これで一応の決着を見たといえるのかもしれませんが、宗門の中の人権問題への取り組みは、ようやく本格化することになりました。

ちなみに、問題の発端となった新聞報道ですが、実はその張本人がここにおられる花園大学人権教育研究センター初代所長である八木晃介先生です。当時毎日新聞大阪本社にいらっしゃった八木先生がこの記事を書かれました。このことについて八木先生とお話する機会がありまして、今から振り返ると当時の総括でよかったかどうかも含めて、町田問題を検討し直すことも必要かもしれないということをおっしゃっていました。とはいうものの、このことがようやく仏教者、ある意味で仏教教団全体にわたってですが、とりわけ曹洞宗にとって、人権問題に本気で取り組まなければいけないという気運が高まるきっかけになったという意味では、たいへん重要な出来事だったのは間違いありません。

いくつかの運動体の取組みには違いもあり、それぞれに批判もあるだろうと思いますが、きっかけが解放同盟からの糾弾交渉であったこともあって、曹洞宗は解放同盟と共闘して人権問題に取組んでいくことになりました。宗門の中にはそのことに対する反感もあっただろうと思います。

寺院にもいろいろありまして、たとえば檀家が多くない寺院の住職の場合、生活のために兼職をされていることもあります。そういう方は職場で人権研修を受けるケースもありますので、人権問題に対する理解も早いんですが、物分かりが悪かったのは宗会議員などの役職に就いている人たちでした。多くは経済的にゆとりのある寺院の方が多く、立場上糾弾交渉などの現場に同席することが多いにもかかわらず、なかなか問題の本質を理解して戴けない方が見かけられました。この頃から私も人権問題に取組む機会が多くなったのですが、宗務庁の要請で諮問委員会などの場でお話をすると、そういう印象をもつことがしばしばありました。

「町田発言」をきっかけとして、宗門の中でまず問題となったのは、「差別戒名」と「差別墓石」です。注意しないといけないのですが、「差別戒名」の問題は、外部からはずいぶん以前から指摘されていました。ようやく曹洞宗でもこの問題を採り上げないといけないという雰囲気になったわけで、人権問題として「差別戒名」が存在することは、従来からいわれていました。実際に差別に利用された文言・表現を紹介しますが、取り扱いについてはご注意いただきたいと思います。今となってはこういうものをご存じない人たちも多いかもしれませんが、だからこそ怖いともいえます。面白半分や悪意をもってネットに流すような人間がいると困りますので、あくまで人権啓発のためであると御理解下さい。

「差別戒名」にはさまざまな要因があります。皮革製造や清掃など被差別部落が担ってきた産業であるとか、仏教のことですからインドの不可触賤民、アンタッチャブルを指すチャンダーラの音写語である「旃陀羅《せんだら》」が用いられたもの。被差別部落民を指す「穢多《えた》」の別称である「長吏」が転化したものなど。この転化、つまり直接的ではない表現にこそ、実はきわめて差別的な意図がこめられています。

一般的に戒名の下につく「居士」や「大師」、「信士」「信女」を位階といいます。さらに位牌に刻字された戒名の、上の「空」とか下の「霊位」などを置き字といいます。「善似男・善似女」という差別的な位階がありましたが、これは人間に似たものという表現で、つまりは人並みではないことを意味します。これが宗教かと思われてしまいそうですが、実に巧妙ともいえる悪知恵、まるでタチの悪い冗談のような戒名をつけた例がありました。

最もひどいと思ったのは「玄田牛一居士」という戒名です。玄と田で「畜」になり、牛と一で「生」になります。つまり「畜生」という語を四文字に分けて戒名にしたという、およそ宗教としてあり得ないものですが、では自分が、そこまでひどいものではないにしても、同じようなことをやらないかというと自信はありません。仏教としてまことに重要な戒名をつける中で、そういう差別的なことが行われてきたということは、仏教者の差別的な感覚がいかに根深いかを表していると思います。

そういう悪質な差別意識がより顕著に現れたのが、墓石に刻む文字の一部に、意図的に被差別部落の人であることを示した「差別墓石」というものです。たとえば牛馬の死体処理や皮革製造に関係している意味で、「岸」という文字の「干」の部分を「牛」に変えたり、「離」の偏を「畜」に変えた例がありました。あるいは、もう二度と生まれてこないようにという意味でしょうか、禅定門という位階の「門」を「閂」に変えたものがありました。

また戒名の下の置き字にも、職業を連想させる「連尺」というものがあります。本来は「連ねる」と長さの単位の「尺」ですが、尺が「雀」とか「寂」に変化して、「連雀・連寂」となったものもあります。確証があるわけではありませんが、運搬業に携わる人たちのことを「連尺」で指しているのではないかと思います。かつて荷物を背負うときに用いられた背負子が、木製のL字型を二つ連ねたような形になっていました。いわば鯨尺を二本つないだという形を「連尺」と称し、それが転化して「連雀・連寂」になったと考えられます。

位階の下にある置き字は「霊位」が一般的ですが、「霊」の文字を下僕の「僕」と合わせた「僕霊」、「僕」と同じ音の「卜」を使った「卜霊」としたものがありました。最も悪質なのが最後の「霊立」で、人偏がないのは「人でなし」という意味です。ほんとに僧侶がつけたものかと疑いたくなりますが、少なくとも宗教的なものに悪質な作為がなされていることに、自分も僧侶の一人として忸怩たる思いがします。

ほかにも文字の一画が省略されたり、あえて「霊」を「灵」とするなど、「異体字」を使うことによって被差別部落の人たちであることを示す事例があります。直接に差別を表すものと、さまざまな形で他の戒名や位階と区別することによって、「実はこれが差別戒名だ」と示す例がありますから、十分に注意を要することではあります。

これに関連する意味で、「差別墓石」の処理をどうするかが、曹洞宗においても問題になりました。絶対的な正解はないのでしょうが、曹洞宗では原則として「差別戒名」と判明したものについては、その当時、そのお寺でつけられていた一般的な戒名に改めるよう指導し、墓石も混在する中で放置するのではなく、寺内の一カ所にまとめて合祀墓とし、人権啓発の解説を加えるという処理をしました。中には「一度つけた戒名は変えられない」と反発する住職がいたり、墓石についても破壊して埋めるという意見もあったようですが、曹洞宗としては埋めたり隠したりすることは、結局「クサいものに蓋をする」ことになってしまうと考えたわけです。

以前、八木先生が所長をされていた時代ですが、人権教育研究センターで臨済宗黄檗宗寺院を対象として、差別戒名に関するアンケートを実施しました。差別戒名と考えられるものの有無を確認したところ、いくつか事例が返ってきました。栃木県の事例は、曹洞宗と同じように合祀墓地として処理されていました。妙心寺派が宗門全体として、このようなケースにどう処理をしたのか、私自身は承知しておりません。曹洞宗は直接糾弾を受けたこともあって、ある意味で必死になって対応したわけですが、臨済宗はそこまで緊迫していなかったのではないか、という印象を持っております。

いわゆる「町田発言」、第三回世界宗教者平和会議での差別的発言が契機となって、曹洞宗は本格的に人権問題に取り組むことになったわけで、特に宗務庁内に設けられた人権擁護推進本部は、宗門の一部からは反感を持たれながらも、一定の役割を果たしてきたといえます。しかし、ではそれで差別的事象が減ったかというと、今日の報告の結論の一つでもありますが、三〇年以上経過してもあまり変わらないなという思いを、禁じ得ません。

●広島家系図差別事件

この事件が、私が本格的に宗門の人権問題に関わり始めるきっかけになりました。宗務庁に設置された諮問委員会の委員になったことで、宗門の作業にも関わるようになったわけです。

一九八四年、広島県内の寺院住職が、檀徒の求めに応じて、縁談に利用されることを承知で、過去帳に基づいて家系図を作成し、当該檀徒が「部落民」ではないことを証明したというものです。いわゆる釣書、お見合いの時などに相手方に渡す身上書に利用することを依頼された住職も承知した上で、寺の過去帳に基づいてその家の家系図を作成し、依頼した檀徒が現在はもともと被差別部落とされる地域に住んでいるが、家系をたどっていくと別の地域に住んでいた、ということを証明したわけです。「部落民ではない」といった表現は使っていませんが、結果的にそれを証明するために家系図を作成したということが判明し、これが糾弾の対象になったわけです。

当該の住職は、私の記憶では元教員だったと思うんですが、この方は「町田発言」が問題になった際に、「なんてバカな発言をするんだ」と声高におっしゃったと後で漏れ聞き、なんだか差別問題の本質を表しているように感じました。他人を責める時には冷静に論理的に責めるくせに、自らが過ちを犯した際には、自分は差別とは思っていなかったというようなものだといえます。

曹洞宗では、住職以外の者が過去帳を閲覧することを禁止していますが、当該住職もそのことは知っていました。例外的に副住職など住職に代わる立場の者が、新たに記載したり見たりすることはあります。私が住職をする寺でも、私と副住職以外、副住職の配偶者とか子どもたちなど、他の者は見ませんし、檀家の人たちにも見せません。税務署にも見せたくありませんが、査察などの場合は拒否もできませんので、一度だけ税務署の人間に見せたことがあります。

曹洞宗では身元調査につながるからということで、過去帳の閲覧禁止についてはかなり徹底して通達しています。ただし、その通達が守られているかどうか、かなり怪しいことがこの家系図作成の事例で判明しました。家系図に居住地が示されていましたが、居住地が差別の要因となっていることを本人が承知している、ということを前提にしなければ、そういうことはしなかったはずです。

さらにいえば、一般的に西日本一帯では、被差別部落の人たちは主に浄土真宗の檀家になっていることが多いとされています。これが甲信越から東日本、東北地方にいきますと、同じ曹洞宗の檀徒の中に被差別部落の人たちが混在していることがあります。したがって広島県でも、禅宗の檀家であることが被差別部落ではないことと同義になることがあり得るわけです。

「広島家系図差別事件」は、家系図作成が縁談を進める目的にとどまらず、曹洞宗の檀徒でこういう家柄だということが、被差別部落出身ではないとの証明であったし、そのことを糾弾確認会で当該住職も認めました。ただし謝礼を受け取ったということは、最後まで認めませんでした。私個人の印象としては、信じられません。檀家の人が住職に何かを依頼するとき、手ぶらでいくとは思えませんが、本人はそれを認めなかったようです。

「広島家系図差別事件」がきっかけとなって採り上げられた問題としては、「差別戒名」や「差別墓石」とも関係ありますが、過去帳、とりわけ差別的な形で記載された過去帳です。あるいは被差別部落の人たちだけを別冊にする過去帳の存在が確認されたわけです。「別冊過去帳」と呼ばれるものとしては、「穢多《えた》過去帳」「栴陀羅《せんだら》過去帳」「町離《ちょうり》過去帳」「庭掃《にわはき》過去帳」など、被差別民に対する蔑称を冠したものが実際に存在します。「穢多過去帳」「栴陀羅過去帳」については、私自身手にとって見たことがあります。さすがに一九八〇年頃には実際に使用している寺院はありませんでしたが、それでもその当時ですら、宗務庁の調査できていることを知っていながら、堂々と「うちは部落の連中は檀家に入れない」と公言する住職もいました。

過去帳への記載方法で差別を示すものに、「一字下げ戒名」といわれるものがあります。直接的な差別と相対的な差別があると申しましたが、これはまさしく相対的差別に当たります。過去帳は縦書きですから、戒名を記載する場合は普通は行頭から書きます。ところが、その中で一字分下げて記載されたものが「一字下げ戒名」で、一字下げることによって被差別部落の人であることを示しているわけです。これも実物を見たことがあります。

さらに差別的なものではなくても過去帳に関して問題になるのは、比較的古いものには「自殺・事故死・心中」などの死因や、個人的な事情が書き添えられている場合があることです。より差別的な添え書きとしては、「賤多・非人・番多・蜂屋・新平民・新平」、あるいは民族に関する「朝鮮人・中国人」といった添え書きがあります。江戸時代に檀家制度が成立する過程で、いわゆる宗門改めによって「宗門人別帳」が作成されました。つまり個々の寺院が戸籍管理の役割を担ったわけです。単に家族構成だけではなく、結婚・奉公などによる移動とか旅行の際に必要な通行手形も、宗門人別帳に基づいて発行されます。時代劇で出てくる「無宿人」というのは、要するに「宗門人別帳に記載されていない人間」ということで、いわば無戸籍者ということです。

近代になって宗門人別帳が廃止され、信教の自由が保障されるようになっても、一般の方々、檀信徒の中には、寺の住職のいうことにはあまり逆らえないという雰囲気が強いのも、まだ江戸時代の文化がどこかで影響している、そういう雰囲気が残っているのではないかという気がしてなりません。もちろん「最後に世話にならないといけない」という気持ちもあるのでしょうが、いわばすり込まれた習慣であるようにも思います。

明治時代になって「宗門人別帳」が廃止された後、その役割や性格を過去帳が担う形になったということがいえると思います。今日的な言い方をすれば、当時の過去帳は個人情報が満載されていたわけです。差別的な情報だけではなく、個人情報が書かれているという意味では、どう使われるかによって大変危険な部分があります。現状においては、私個人としても宗門としてもそうですが、「戒名・死亡年月日・俗名・続柄」と、これだけでも十分な個人情報ですが、それ以外は書かないのが一般的な書き方です。

うちの寺は昔の一つの村が檀家でしたので、その中の地区ごとに総代、つまり担当者が決まっていますから、付随する情報として居住する地域も書きますが、いわゆる御先祖という意味での「ホトケ一霊」に関しては、最低限の情報しか書きません。曹洞宗では「過去帳の閲覧禁止」を徹底する一方で、「身元調査お断り」というプラスチックのカードを宗門の全寺院に配付し、よく見える形で提示して、「身元調査には応じない」という姿勢を示すよう指導しています。もちろん、それが徹底されているかどうかは、わかりません。

最近は少なくなったかもしれませんし、私自身は受けたことはありませんが、檀信徒の身内に関係する結婚調査と称して、興信所などが電話で「実はお宅のお檀家さんに縁談がありまして、大変いいお話なのでうまくいくように…」などと、住職から情報を聞き出そうという電話が、かなり最近まであったそうです。「結婚ということなら、めでたい話だから」と単純に応じてしまう住職も、いないではなかったと思います。もちろん現在は「そういうことに応じないように」という指導を徹底してやっていると思いますが。

広島家系図差別事件の住職は、謝礼は受け取っていないと申し立てていますが、受け取った金封に「お供え」と書いてあれば謝礼を受け取ったことにはならない。確かに詭弁でしかないんですが、僧侶のタテマエからいうと「お布施」とか「お供え」と書いてあったら、これは受け取らないわけにはいかないんです。身元調査をした対価、謝礼として受け取ったらダメですが、たとえば「御本尊さまにお供えして下さい」といわれたら、基本的にお寺としては受け取らないわけにはいかないんです。いうなれば大変都合のよい言い訳ができてしまうことになります。

こういう、実質的な謝礼を受け取っている住職がどの程度いるか承知していませんが、大いにあり得るだろうなと思います。私も経験がありますが、「自分のルーツ探しをしている」といった電話をしてくる人が、時々おられます。もちろん本当にルーツ探しをしている場合もあるでしょうが、興信所などが偽っている場合もあると思います。基本的にはそういう問い合わせには答えられないと断るようにしています。指導もされています。

過去帳とは別の話ですが、新しい問題も起こっています。かつてはお墓を建てると、正面には「何々家先祖代々」という文字を彫り、裏面に建てた人の名前を彫ります。そしてたいていは横面が多いのですが、戒名が彫られていました。

ところが最近のお墓になると、多くの場合、墓石の横に戒名・死亡年月日・俗名などを彫った「戒名板」あるいは「霊標」という板状の石板が設置されています。墓石自体に文字を彫ろうとすると、宗教的には一定の手続きが必要になります。お墓を建立した際には「入魂」とか「開眼」という儀式を行いますが、墓石に文字を彫るとなると、いったん「抜魂」の儀式をしなければなりません。そして石屋さんに文字を彫ってもらったら、再び「入魂」のお勤めをします。つまり石屋さんに支払う料金以外に、住職にも二度お布施を納めることになります。でも戒名板は墓石そのものではありませんから、入抜魂の儀式もしないので、石屋さんに依頼するだけでよいわけです。つまり寺院で保管管理している過去帳は見せないのに、自分の家の過去帳を抽出して、戒名板として人目にさらす形になってしまいます。

どこで誰が発案して始めたのか、今となっては不明ですが、すでに一般化して設置することが当たり前になってしまっていて、ある意味で扱いに大変苦慮している場合もあります。境内地の中にある檀信徒だけの墓地で、塀で囲まれている場合などは、関係者以外が墓地に入らない工夫もできますが、公共の霊園墓地のように、宗派や菩提寺に関係なくお墓が集まっている場所では、不特定多数の他人に自分の家の過去帳を公開していることになります。由緒正しい古い家柄だということを誇示したいのか、江戸時代の先祖から、戒名板の裏表いっぱいに彫っている人もいます。せいぜい必要最小限にしておくように指導する程度です。

私が住職するお寺には境内墓地がありません。すべて自治会が管理する墓地なので私自身には管理権がありませんから禁止もできません。そういう形式が一般化すると、やらないことが不自然であると感じる人が多くなってしまいます。ある意味では墓石に関する新しい問題を孕んでいるといえるかもしれません。

「広島家系図差別事件」を受けて問題になったのは、いわゆる「悪しき業論」です。これは運動体からの問いかけから出てきたのですが、江戸時代に流行った『善悪因果経』という偽経、釈尊が説かれた経典ではなく、後世に作られたものがあり、たとえば身体障害者として生まれた人は前世でこのような悪いことをしたなどと、仏教の因果の教えを悪用して、現実の障害や疾病の原因を説明したものがありました。

あるいはそれをご存じの方だったかも知れませんが、糾弾確認会の席上で、まことに素朴な問いかけがあったのです。宗務庁の役職の方が前に並び、私たち諮問委員会の委員は傍聴しているだけなんですが、運動体の参加者から「私たちが部落で生まれて差別されるのは、前世の悪業の報いなのか」と質問されたのです。これに誰も答えられませんでした。どう答えるのが正しいのか、もちろん私自身も自信を持って答えられません。面と向かって「悪業の報いか？」と聞かれても、大抵は黙りこむしかないわけです。

そこで改めて運動体から「いったい業とはどういうものなのか、曹洞宗としての見解を示してほしい」という問題提起を受けたわけです。その結果、統一見解をまとめるための諮問委員会で検討して、テーマとなったのが「悪しき業論」という考え方です。

誤解されやすいのですが、「業」という考え方自体はインド古来の民族的な思想であって、いわゆる「輪廻転生」とともに仏教に採り入れられたものです。もちろん仏教においても過去を振り返ること、すなわち自らの業を受け止めることは重要ですし、「ゴータマ（釈尊）は業論者である」といわれたそうです。ただし業の理解は大変難しく、人権に関連する大きな問題としては、「業」という考え方に基づいて極めて差別的な説教が行われたことです。
実際に曹洞宗の僧侶が行った説教の実例を挙げましたが、ここでも身体障害者に対する差別的な表現を使っていますので、取り扱いには御注意下さい。

患盲は不具廃疾の人である。国家の為に犠牲となった廃兵や職務の為に不具になった人などは、寧ろ名誉の身であるから毫も愧づる所は無いが、生まれながら不幸にして目を失うたり、聾者《つんぼ》、唖者《おし》となり、其の他、世の廃物となったものは如何にも不便の至りです。是等は破戒の結果であると仰せられた。(中略)手を濫用すれば他の徳を欠き、足を暴用するものは跛者《ちんば》となる。是は因果の法則としてさもあるべきことであります。

これは相当偉い、指導的な立場の方の説教で明治期のものですが、戦後になっても昭和二〇年代から三〇年代頃まではこういう説教が、当たり前のようにというと語弊がありますが、しばしば行われていたと思います。言い換えれば、これに類する話を収録した説教集が、曹洞宗の公的な出版物として多く刊行されています。
つまり多くの僧侶による説教が、身体障害や精神障害を含めた現状をまことに単純な因果論に基づいて、そうした現状をもたらすだけの悪しき行いがあったと説明し、結果的に「業論」による諦めを強いる、運命ないし天罰として諦めさせるものでした。したがって「被差別部落に生まれたことが悪業の報いか」と問われても、反論のしようがないということであったのだという気がします。

●栃木県住職差別発言事件

この事件は、ある意味で単純な事象でした。一九九二年、栃木県のある寺院住職が、スーパーのレジで近所の主婦と話をした際、知り合いが交通事故にあったという話の中で、相手がいわゆる同和地区の人だというだけで「同和地区の連中はたちが悪いから、慰謝料も出さない」と発言したというものです。

こうした話は尾ひれがついて広がっていきます。結局その発言が問題となって糾弾確認会になりました。その住職は六〇代でしたが、幼い頃から周囲の会話を見聞きする中で、いつの間にか被差別部落に対する差別的な見方が身につき、同時に普段の考え方自体が差別的になってしまったと、糾弾会において発言しています。

さらに問題になったのは、亡くなった方の戒名を考える際には、生活状況や職業などに応じて位階（居士・大姉・心事・信女など）を区別するよう、師匠から指導されたということです。これは儀礼の伝承に関係してくるのですが、経済的な貧富であるとか、どんな職業であるかなどによって、院号などを含めた位階を区別するということが実際にあります。位階そのものも難しい問題で、檀信徒の方たちにはある種のランクのように理解されていますし、そう理解されてもやむを得ない部分が確かにあります。昨今は、むしろ遺族の希望に基づくというのが一般的ですが、かつては住職の側で意識して区別するように、もちろん「差別」という意識はないと思いますが、ランクづけをするように指導されていました。

しかもさらに問題だったのは、差別発言をした住職が、宗門で義務づけられている人権学習をほぼ全部受講していたことです。受講していたにも関わらず、平然と差別発言をしてしまうということは、いかにおざなりな人権学習であったかを示していたわけです。当然ながら曹洞宗における人権学習が、まことに不徹底であることが指摘されたのですが、もう一つ戒名、特に位階のつけ方に関連して、運動体から「葬儀と戒名」に関する公式見解を求められました。

この件についても諮問委員会が設置され、そこで審議してはっきりしてきたのは、位階のつけ方に関しては、かなり古い時代から指南書といえる文献があったということです。たとえば『貞観政要格式目』とか『諸回向清規』といったもので、一五〇〇年代半ば以前には成立していたことが判明しており、しかも最近まで使われていたということですから、相当大きな影響があったと思われます。

そういうものを見ると、明確に貴賤の身分を分けて戒名をつける、特に位階によって区別するという方法が示されています。結局は仏教教団の中においても、位階による差別化が歴史的に常態化していたことは間違いがないということです。

この諮問委員会で私が担当したのは葬儀の問題です。曹洞宗の、というよりは日本の葬儀といった方がいいのですが、実は亡くなった後に戒名をつけるというのは、日本独特の習慣なんです。本来戒名は仏教信者の名前で、いわばクリスチャンネームのようなものですが、もっと厳密にいうと戒名は出家者、つまり坊さんの名前です。

日本のお葬式の原型は中国の禅宗のお葬式で、僧侶が亡くなった時、仲間の僧侶が追悼のために葬儀をした、要するに坊さんに対するお葬式です。日本の古代、平安初期の天皇の葬送儀礼を見ると、「薄葬」といいまして、仰々しい葬儀をせずに、火葬して散骨するというようなことがあったようです。その中で何人かの天皇が崩御する前に出家をしている、つまりしかるべき僧侶から戒を受けて「臨終出家」をしたという記録が見られます。さらに「臨終出家」の習慣が皇族から公卿にまで広まっていったようで、いわゆる摂関家でも、当然のように臨終出家しています。

ただ、考えてみれば当たり前ですが、臨終だと思って出家したのに亡くなるまで時間を経過したり、場合によっては元気になってしまう場合もあれば、逆に臨終に出家しようと思っていたのに頓死してしまった例も、当然あり得ます。ややこしいというわけでもないでしょうが、息も絶え絶えで受戒の儀式もできないとか、あるいは息を引き取ってしまったけれど、生前に臨終出家する意思を示していたからといって、周囲の人たちが寄ってたかって受戒の儀式を執り行い、それから葬儀を行ったという例も見られ、次第に「臨終出家」が形骸化し、便宜的には死後の出家までが容認されるようになります。さらに鎌倉時代にさしかかりますと、確実に死亡したことを確認してから、受戒の儀式自体が葬儀に含めて執り行われるようになります。

「臨終出家」が実質的には「死後出家」に変わっていくとともに、当時中国から伝わった禅宗の、本来は出家者に対するものであった葬送儀礼が、在家者の葬儀に適用されたのではないかと考えられます。鎌倉末期から室町期にかけて葬送儀礼が整備され、戦国期には一般の人たちも葬式をするようになってきますが、「臨終出家」であれば本人の意識がある間に戒名がつけられるわけですが、「死後出家」となれば当然死後に戒名をつけることになります。

死後に戒名をつけるとなると、信仰者の名というよりは、その人が檀信徒として生きてきたことに対する顕彰の意味合いが強くなります。その人の生き方、具体的には職業や社会的地位が戒名、特に位階に反映することになり、そこには必然的に差別化、つけている僧侶の側では区別というかもしれませんが、ランク性が生じるのは仕方がないといえます。

この問題は、日本の仏教教団が今後直面する大きな問題になってくるかもしれません。その要因となるのが、寺院と檀信徒のつきあい方の変化です。寺と檀家の関係の歴史的な背景となっているのは、封建的な意味での「家観念」です。かつての「宗門人別帳」の性格を引き継ぐ過去帳もそうですし、そもそも「檀家」という呼び方も「家観念」に基づいています。法事の席で坐る順番や葬式の際の焼香順などを見ていても、当然のように男性が先ですし、普段は男女平等を当然と考えていても、宗教的な儀式において、封建的な習慣に異を唱える人は皆無だといってよいでしょう。

そうした「家観念」が、なかなか払拭されないことが大きな問題ですが、一方で封建的な意識が崩れ始めていることで、新たな問題が起こり始めています。寺院と檀家という関係が、個人と寺院との関係に変わりつつある中で、仏壇や墓石を維持することによって先祖供養を継続すること自体が、困難である例が増加しています。そうなると、「戒名」の問題もどう変わっていくか予測しづらい面があると、個人的には思っておりますが、まだまだ流動的でもあり、慎重に検討すべき問題であるとだけ申し上げておきたいと思います。

●内山愚童の名誉回復

一九一一年一月二四日、大逆事件で死刑判決を受けた、曹洞宗の僧侶内山愚童を含む一二名の刑が執行されました。大逆事件に関わった僧侶が三人いましたが、絞首刑になったのは内山愚童だけで、あとの二人、真宗大谷派の高木顕明と臨済宗妙心寺派の峰尾節堂は、無期懲役でした。大逆事件が社会主義運動弾圧のためにデッチ上げられた事件であることはよく知られていますが、後に高木は宗門の僧籍を剥奪されたことを苦にして獄中で自殺し、峰尾は流感にかかって千葉の監獄で獄死しています。結果的には今日に至るまでに、三人とも各宗門で名誉を回復され、僧籍も復活されましたが、それはごく最近になってからのことです。

内山愚童の住職地であった箱根大平台の林泉寺、ここは箱根駅伝の五区で山登りの途中にある寺ですが、現住職の先代の木村正壽という人が、一九九二年に宗務総長宛に名誉回復を求める嘆願書を出したことがきっかけとなり、名誉回復したのが一九九三年のことです。僧籍剥奪とは関係なく、林泉寺では二四代目住職として扱い、歴代住職の石碑にも名が刻まれていました。

必ずしもこれだけがきっかけで、内山の名誉が回復された訳ではありません。最終的な決め手はこれだったかも知れませんが、内山愚童の再評価を明確に打ちだされたのは、一九七九年に『大逆事件と内山愚童』を上梓された、この花園大学の卒業生でもある柏木隆法氏です。

柏木氏は近代仏教史の研究者でありますが、内山が国家転覆を企んだ悪人などではなく、きわめて開明的民主的な思想の持ち主であったことを、内山自身の著作も含めて、さまざまな資料によって論証されています。元駒澤大学教授故石川力山氏は柏木隆法氏と交流があり、御自身が編纂に関わっておられた『禅学大辞典』（一九八五年出版）の中に、内山愚童を項目として取り上げられ、柏木氏の論証を受ける形で解説されました。こうした動きが林泉寺の木村住職が嘆願される前提としてあり、曹洞宗の中で次第に内山愚童の先見性を再評価する気運が生まれ、名誉回復につながったと思います。内山愚童の話は以前この研究会でもお話ししましたので、関心のある方は『花園大学人権論集』十五号を読んでいただければと思います。

●梅花流詠讃歌歌詞改訂

仏教各宗派には、教えをわかりやすい歌詞にした御詠歌がありますが、曹洞宗では「梅花流御詠歌」といい、一時期は非常に盛んで、御詠歌を抜きにして法要が成立しないほどでした。その「梅花流」発足四〇周年の一九九二年に、初めて大幅な歌詞内容の点検作業を行い、特に人権擁護の立場から見て問題のある詠題や歌詞の改訂が審議されました。その結果「盂蘭盆供養御和讃」「戦没精霊（英霊）供養御和讃」「水子供養御和讃」については、看過しがたい問題が指摘されました。

「善悪業」とか「今生は前世の悪業の報いである」といった、宿命論的輪廻転生を説いているのが「盂蘭盆供養御和讃」であり、「英霊供養御和讃」は戦死者を「英霊」と呼び、お国のために尊い犠牲になったと美化する、まさに国家主義的な考え方がそのまま歌詞になっています。自国の戦没者のみを追悼するだけで、戦争の悲惨さや犯罪性を謳うものではありませんでした。最初はタイトルの「英霊」という表現だけを「戦没精霊」と変えたのですが、歌詞全体に問題がありましたので、結局は奉詠禁止ということになりました。

「水子供養御和讃」については、水子供養そのものの問題が背景にありました。本来は二〜三歳までに亡くなった子どもはすべて水子と呼んだのですが、現在の母体保護法、いわゆる優生保護法の施行以降、経済的理由などでも中絶が可能になったこともあり、流産や死産を含めて、出産に至らずに死亡した胎児を指す、固有名詞のようになってしまいました。昨今は水子といえば水子地蔵ですが、大正時代には水子観音はあったものの、水子地蔵は確認できないとする資料もあるそうです。私自身はその資料を見ておりませんが、確かに水子地蔵による供養が盛んになるのは、優生保護法施行以降といってよいと思います。

これもある報告によればですが、水子供養を依頼する人のうち、本人が実際に中絶や死産・流産を経験をしたというケースは、全体の三分の一くらいだそうです。ではなぜ本人に経験がないのに供養を依頼するかというと、たとえば健康に不安があるとか、仕事がうまくいかないなどで、いわゆる拝み屋さんなどに見てもらったら、供養されていない水子の祟りだといわれるわけです。自分には中絶や流産の経験がないというと、たとえば「あなたは知らなくても、お母さんかお祖母さんにその経験があるのだ」などと、冗談のようなことをいわれるようです。最終的には菩提寺に来て水子供養を依頼することになります。拝み屋さんがいうのなら自ら供養してやればと思いますが、無碍に断ることも出来ませんから引き受けますが、一応「供養することは悪いことではないが、そんなことは迷信ですよ」というしかありません。そういう水子供養の依頼がかなりあることは事実です。

「水子供養御和讃」の歌詞は、明らかに母親の責任だけを問題にしており、まるで「胎児の命が失われたのは、母親の行動や悪業による」といわんばかりのものです。最終的には三曲とも奉詠禁止とされ、「英霊供養御和讃」と「盂蘭盆供養御和讃」は、同じ趣旨で人権に配慮した別の和讃を新たに作ることになりました。

ところが、ここで大きな問題がありました。唱えている人たちから「どうして禁止するのか」と、大ブーイングが起こったのです。御詠歌を唱えていたのは、大半が比較的高年齢の女性だったのですが、その人たちが三曲が禁止されると聞いて、「私たちは涙を流しながら唱えているのに、なぜ禁止するのか」と猛反対しました。点検作業に関わった責任上、私も何度か禁止理由を解説させられましたが、大抵は非難囂々の嵐に晒されました。

水子供養でいうならば、唱えている女性自身が情緒的な雰囲気に流されて、差別的に扱われていることに気づかずにいたといえます。人権の立場からいえば、差別的であることよりも、それぞれがお涙頂戴的な歌詞に情緒的に共感してしまい、素晴らしい御和讃であるかのように感じている人が、少なくなかったのではないかという気がしてなりません。あれから四半世紀が経過して、今や三曲の禁止措置が問題になることもありませんが、禁止された当時は、御詠歌がもっとも盛んな時期であったことも関係あるかもしれません。

●『差別語を考えるガイドブック』

一九八〇年代から宗務庁の委員会における審議の中で、最低限でも僧侶が、「めくら」「つんぼ」「おし」といった、いわゆる直接的な差別語の使用を防げないか、ということが議論されました。たとえば法事の席のお説教などで、住職が差別的発言をしたとしても、聞いている檀信徒から「和尚さん、そのことばは差別語ですよ」と指摘されることは、まずありません。檀信徒の中にも人権意識が低い方もあったでしょうが、いわば専業住職の場合、社会的な経験の少ない僧侶には、他者を傷つける差別的な表現は控えるという意識の希薄な人が、少なくなかったように感じられます。

困ったことに宗門で偉くなるのは、そういう専業住職である方が多かったためか、偉いお坊さんがボロボロと差別発言をするんですね。びっくりしたのは、宗務庁である糾弾会があった際、宗議会議員だった方が、この方は普段からおかしな発言が多い人だったらしいですが、糾弾会も終わろうという頃にわざわざ手を上げて、次のように発言したそうです。「長時間にわたって運動体の先生方に御指導いただき、大変勉強になりました。私は某県の出身でありますが、某県は大変貧乏な県でありまして、まぁ同和地区みたいなものですね」と。この意味不明な発言に、運動体の人もズッコケたそうですが、御本人は何故みんなが笑っているのか理解できない、ということがありました。こんな極端な例は別としても、なんとか差別発言を防ぐ方法はないかと議論したわけです。

最初に思いついたのは差別語のマニュアルを作成しようということでした。どういう言葉、どんな表現が差別になるかという、いわば指南書を作ろうとしたのですが、考えてみると、そんなマニュアル自体が大きな問題をはらんでいます。差別語を使いさえしなければよいという、間違った意識につながるということに、さすがに議論の途中で気がつきました。

そこで改めて、断じて「言い換え集」ではない、啓発のためのガイドブックを作ろうということを確認しました。たとえば「めくら判」を「視覚障害者判」と言い換えたらよいかといえば、差別的であることに変わりはありません。そうではなく、なぜ「めくら判」がだめかということを丁寧に解説し、差別しないという意識を喚起しようということで、出来たのが『差別語を考えるガイドブック』です。何人かで分担執筆して、一九九二年に宗務庁から発行して宗門内に配付しました。これに解放出版社が注目してくれて、宗務庁から解放出版社に版権を譲渡し、一九九四年には解放出版社から刊行し市販されました。

実はこれに後日談がありまして、「陋生《ろうせい》」と名のる匿名の宗門僧侶から、長文の抗議書が宗務庁に寄せられました。「なんだ、こんなもの、言葉狩りみたいなことをしやがって」といった反発があるだろうということは、作成中から予測していましたが、見ようによっては、無理解ではあるが典型的な反応でしたので、無視するのは勿体ないと考え、私が、毎月発行される宗門の機関誌に、執筆した側からの反論を掲載しようと提案しました。

「陋生」氏は当惑したかもしれませんが、抗議文を「障害者差別」とか「職業差別」とかのジャンル別に分けて、それぞれの箇所の担当者が、抗議がどういう点で的外れか、本来はこう考えるべきだという反論を、数か月継続して掲載しました。反論に対する反論がなかったので、納得されたかどうか定かではありませんが、宗門の中にあった反発を代表するものであったのは、間違いないと思います。差別語、差別発言を指摘することが言葉狩りであるというのは、一般にも通じる反感ではないかと思います。これは、わずかではありますが、宗門の前向きな動きとして紹介しておきます。

●総持寺機関誌差別的エッセイ・漫画

曹洞宗には、福井県の永平寺と横浜市の総持寺と、本山が二つあり、それぞれに修行道場が設置されています。他の地方僧堂を含めて、修行道場における人権意識啓発の取組が、遅れていたことは残念ながら事実です。総持寺は、石原裕次郎さんのお墓がある菩提寺で、時々テレビで放映されています。

一九九八年に総持寺の電光電動掲示板に、「上見れば、ほしいほしいの星だらけ、下見て暮らせ星の気も無し」という文が表示されました。これを目撃した人から、問題があるという指摘を受けたのです。何が問題かというと、釈尊の遺言を記録した経典にある八つの教えの中の、「小欲」と「知足」に対する解説が掲示された文だったのですが、見ようによっては「上見て暮すな、下見て暮らせ」という、部落差別に利用された表現と同義であると指摘されたわけです。「小欲」と「知足」は、必ずしも対になる表現ではないし、社会的差別を認めるものではないのですが、かなり慎重に解説しなければ、対句であると理解されても仕方がないということに、総持寺の関係者は全く思い至らなかったということだと思います。

ある意味では関連する問題ですが、やはり総持寺で発行する機関誌に掲載されたエッセイに、「雑草があるから美しい花が引き立つ」という文章がありました。これも「部落民がいるから天皇が尊い」という、部落差別を容認する表現に通じるといえるわけです。書かれたのは現在も指導的な立場にある方ですが、「雑草」と「美しい花」という区別自体、人間が勝手に決めたものですし、仏教の教えから見てもそうした区別は意味のないことです。もちろん、それを社会的立場に例えることは、断じて慎むべきです。

もっと問題だったのは、同じ機関誌に掲載された漫画で、親子の鹿を無慈悲に射殺した猟師が家に帰ってみると、火事で妻子が焼け死んでいたという内容でした。因果応報だという意味でしょうが、完全な職業差別だといえますし、仏教の因果を社会的な事象で説明することが極めて差別的であることは、ある意味で町田発言以来、何度も宗門の中で問題にされてきました。仏教の説く因果の、差別的な解釈や適用が、なかなか無くならないことを示しています。

このことで問題になったのは修行道場における人権学習の不足ということで、これ以降、本山の修行道場はもちろん、地方僧堂でも、毎年一回は必ず人権学習をすることが義務づけられています。一九九八年の事例が最後になりましたが、二〇〇〇年後以降には差別事象が起こらなかったかというと、とんでもありません。その後もさまざまな差別事象が起こっていることは間違いありません。表面化したものもあれば、表面化していないものもあります。

最近二〇一四年のことですが、私が問題だと思ったのは、曹洞宗の機関誌の巻頭言に、当時問題になっていた安倍首相の「靖国参拝」に関連して、「総理大臣の靖国参拝が問題になっているが、その中で日本人の死者に対する寛容さが失われているのではないか。どんな生き方をした人も、例え戦犯であったとしても、死者は等しく追悼されるべきではないか」という文章です。靖国神社への政治家の公式参拝は、執筆者のいう死者に対する寛容とは全く次元の違う、極めて政治的かつ宗教的な問題です。無宗教の千鳥ヶ淵の慰霊墓地ではなく、神社庁の管轄ではないとはいうものの、軍属を含めた戦死者だけを、英霊として靖国神社に祀ること、そこに政治家が公的身分で参拝するということを、仏教者としてどう考えるかという問題ですから、「死者への寛容」ということになると問題のすり替えになってしまいます。

書いた方の意識も問われるべきですが、この文章が宗門の機関誌に載ったことが問題ですし、靖国の問題に触れた巻頭言であれば、出版部の当然の手続きとして、人権擁護推進本部に内容の確認を依頼しなかったのかということがもっと問題です。さらに発行された後になっても、人権本部から何の指摘もないということは、人権本部自体の意識も問われなければならないと思います。

これだけではなく、相変わらず同じような人権問題が惹起しています。特に重要な問題として、過去帳に記載された個人情報の流出が、いまだに後を絶ちません。一部、新聞報道された事例もありますが、こういうことに関して考えないといけないのは、宗門の僧侶はもちろんですが、檀信徒を含めた一般の人たちも、宗教というものに対する見方を今一度見直していただいて、宗教にはそういう負の側面もあるのだということを、理解していただいた方がよいのではないかという気がいたします。

封建的な時代にあっては、葬式など仏事に関しては住職の指示通りにすればよい、という意識が強かったかもしれませんが、今や仏教で葬式をするかどうかも含めて、個人の関わり方が尊重される時代になった以上、宗教が一般社会に関わる姿勢も問題だし、一般社会の人たちが宗教にどう関わるかということも大きな問題だと、私自身、いくつかの差別事象との関わりを通じて考えるようになりました。私が寺院の住職でありますから、決して他人事ではありません。

みなさん方も、今日紹介した事例を参考にしていただき、単に宗教を敬遠したり否定するのではなく、宗教を正しく理解し、宗教との主体的で望ましい関係を築いていただければと思います。そういう意味においてこそ、宗教に対する批判的な見方も忘れないで下さい。

とりとめのないお話になりましたが、以上で終わらせていただきます。長時間の御清聴、ありがとうございました。

（花園大学人権教育研究会第１００回例会・二〇一七年七月十三日）

マス・メディアのモラル・パニック

八木晃介

今日は「マス・メディアのモラル・パニック」というテーマでお話させていただきますが、今回は主に新聞メディアを中心に感じているところなどを述べさせていただきます。

●モラル・パニックとは何か

「モラル・パニック」とは何か。諸々のマス・コミュニケーションがイデオロギー的役割を演じる事態を意味します。イデオロギーという言葉を今は「虚偽意識」と置き換えてとらえていただいて結構です。諸々のオピニオンを誤って伝えたり、捩じ曲げたり、場合によってはデッチ上げることも含みます。

今日の研究会を広報する学内掲示のポスターのなかの「モラル・パニック」の「パニック」が消されて「ハザード」と落書風に書き換えられていました。別に「モラル・ハザード」でも構いません。マス・コミュニケーション論では「モラル・パニック」という言葉を使うことが多いので、私はそれを踏襲したというだけのことです。「モラル・パニック」とはなにかについては、これからお話することの内容全体でとらえていただければいいかと思います。

●私の最初の新聞体験

ずいぶん古い話になりますが、一九六〇年の安保闘争にまで遡ります。当時、私は高校一年生になったばかりでした。一九六〇年四月、二条城の西側にある府立朱雀高校に入学した途端に安保闘争に出会い、それに巻き込まれます。朱雀高校だけでなく、洛北、鴨沂などの高校生も闘争に参加していました。円山公園での集会に参加して、その後、祇園石段下から御池の市役所前までお定まりのコースでデモを繰り返しました。私の場合は担任の英語教師と世界史の教師の二人の影響が大きかったと記憶します。

一九六〇年六月一五日、有名な国会包囲デモ、国会突入デモがありまして、当時、東大生だった樺美智子さんが死亡するという事件が発生しました。樺さんの死因は現時点においても解明されていませんが、揉み合いのなかで機動隊に殺害されたことはほぼ間違いないようです。この六月一五日にも私は集会、デモに参加し、くたびれ果てて帰宅した後に樺さんの死を知りました。まったく見ず知らずの人の死に涙したのは、この時が初めての体験でした。

国会突入デモと樺さんの死亡を受けて、六月一七日付で在東京の新聞七社は「共同社説」を掲載しました。いわゆる「七社共同宣言」です。朝日、毎日、読売、産経、日経、東京、東京タイムズの七社が完全に同じ内容の社説を掲載したのですが、その骨子は、「六月一五日夜の国会内外における流血事件は、そのことの依って来る所以は別として、議会主義を危機に陥れる痛恨事であった」というものでした。「その事の依って来る所以を別として」とは何事でしょうか。まさに重要なのは「その事の依って来る所以」であって、しかし、それを無視したうえで、「議会主義を守れ」と主張した共同社説でした。

すでに五月段階で安保条約が自民党の単独採決によって可決されていたわけです。守られるべき議会主義もその時点では破産していたのですが、その前後からメディアは、安保条約それ自体の問題性についての議論をしなくなり、単に「自民党による単独採決」の可否についての議論に矮小化する方向に進みました。「事の依って来る所以を別にする」という非論理的な共同社説を一体誰が書いたのか。追求してもなかなかわからなかったのですが、最近になって、当時、朝日新聞の論説主幹だった笠信太郎という、朝日の中でもかなりリベラルで進歩的な人として評価されていた人物、どうもこの人が原案を書いたらしいことが分かってきました。

●新聞記者志望の理由

私自身は高校一年生の段階で「七社共同宣言」を見て、樺さんの死をさえ無化してしまった新聞メディアに失望してしまいます。正直、「新聞は死んだ」と、その時、思いました。その後、大学に入りますが、文学部ですから多くの同級生が新聞記者を志望していました。当時はテレビよりも新聞に人気がありましたが、私は「ブル新なんかにいくものか、商業新聞なんかダメだ」と公言していたにもかかわらず、やがて転向してしまいます。何故か。

それは大学の三回生の頃、ベトナム戦争の毎日新聞報道に出会ったからです。毎日新聞外信部長・大森実記者、この人はもともと大阪本社社会部出身の事件記者なのですが、この人がベトナムに特派され長期連載ルポを執筆します。有名な『泥と炎のインドシナ』がそれです。当時、私の家では朝日新聞を講読していたものですから、早く大学にいって生協書籍部で毎日新聞を買って読むのが楽しみでした。早く行かないと毎日新聞が早々に売り切れてしまう状態でした。それほど大森記者のルポにはインパクトがありました。本当にいい記事だったと思います。

一九六五年一〇月三日付の新聞に、大森記者は「アメリカ軍が北ベトナム・ウインラップのハンセン病病院を爆撃した」と報道しました。これに対して米国駐日大使のライシャワーが「事実無根だ」

と毎日新聞社に抗議したのですが、むろん、大森記者の記事は真実を書いていたのであって、後になって、ライシャワーは抗議したこと自体を自己批判しました。

当時、アメリカ政府は「朝日新聞と毎日新聞の編集局には五〇〇人くらいの共産主義者がいる」などと批判していました。むろん、事実無根のいいがかりですが。また、大森記者は何故か社内的にも浮いた存在になりつつあったようです。大森記者の個人的なスタンドプレーへの批判とか、スター記者への嫉妬・羨望とかもあったと聞きました。

そんなこともあって、結局のところ、大森さんはやがて社を去らざるをえなくなる。毎日新聞社がアメリカからの圧力に抗しきれなかったという側面もあったと思われます。大森実記者に憧れて、「誰が新聞記者になどなるものか」といっていた私が新聞記者になったのですが、残念ながら、私が入社する寸前に大森さんは毎日新聞社を辞め、『東京オブザーバー』という小さな新聞社をたちあげていました。

私が新聞記者を志望したもう一つの理由は、まぁ、これは後付けの理由になるかもしれませんが、マルクスもヘーゲルも新聞記者だったという点があげられます。特にヘーゲルはフランス革命によってブルボン王朝（ルイ王朝）が倒壊するのを現認し、「世の中には変わるということがあるのだ」と感激し、「自由万歳！」と叫んだと伝えられています。もちろん、この体験だけがヘーゲルの弁証法の出発点ではありませんが、評伝などには重要な出来事として記述されています。私も「世の中には変わるということがある」という、そのことをできるだけたくさん体験したいという気持ちがあり、新聞記者を志望したことに嘘はありません。

●私の簡単な履歴

一九六七年三月、大阪市立大学文学部（社会学専攻）を卒業し、毎日新聞社に入社しました。駆け出し記者の三年弱は千葉支局勤務でした。本来は、そこで新聞記者の基本的なトレーニングを受けるはずなのですが、当時の千葉にはその余裕がなかった。新東京国際空港建設阻止闘争（成田闘争）と千葉大学闘争の取材が中心にならざるをえなかったからです。そんなわけで、新聞記者のイロハを学ばないまま、一九七〇年二月、東京本社学芸部に移ります。学芸部とは、その名のとおり、学問と芸術・芸能を担当するセクションで、東京本社では、編集局の他の取材部門とはちょっと隔離された形で、いわば大きな共同研究室のようなたたずまいになっていました。

そこでは差別問題を含む社会科学一般と医学・医療の問題を担当しました。東京本社学芸部にいる時に体験した大きなできごとは、このあとに述べる「沖縄返還密約暴露事件」でした。主要な舞台は政治部でしたが、私は当時、毎日労組東京支部の学芸部代表委員をやっていたので、多少の情報をえることはできました。

一九七七年二月、京都在住の私の母親ががんになったこともあり、大阪に転勤しました。一九九一年九月まで大阪本社学芸部にいて、差別問題を含む社会科学一般と医学・医療領域を担当しました。

東京本社時代と同じ領域を取材対象にしていたことになります。

一九九二年に花園大学に赴任しましたが、私のもともとの専攻は社会学で、とくに医療社会学、差別問題の社会学を専門にしていましたので、結局のところ、私は新聞記者時代から大学教員を終えるまで一貫して同じ対象に向きあってきたことになるのですね。もちろん、ジャーナリズムとアカデミズムとでは方法（論）が違いますが、対象は同じであったと思います。

●沖縄返還密約暴露事件

一九七二年の沖縄返還にかかわる交渉において日米両政府の間で密約が結ばれていたことを、当時の社会党の横路議員が国会で暴露するのですが、実は、この情報の出所は外務省の女性事務官・蓮見喜久子さんでした。そこから毎日新聞政治部の西山太吉記者が入手、それを横路議員に渡して国会で問題にさせたという経過です。

ここで問題なのは横路議員が情報の入手経路を明らかにしてしまったことです。本来なら絶対に秘匿しなければならないことを明らかにしてしまった。そのことによって蓮見事務官は国家公務員法違反容疑で逮捕され、起訴されます。この女性事務官は一審で有罪判決を受け、控訴しなかったのでそのまま有罪が確定しました。西山記者は、一審は無罪だったが、二審で有罪になり、最高裁で一九七八年に有罪が確定します。なんと西山記者もまた国家公務員法違反容疑だったのです。

二〇〇〇年には、日米による密約を裏付ける公文書がアメリカ公文書館で発見されました。また、二〇〇七年には、当時の外務省アメリカ局長だった吉野文六さんが「実は密約がありました」とはっきり認めました。最終的には二〇一〇年、密約検証有識者委員会が「密約が存在した」ことをはっきりさせました。その密約の内容は、まさに反吐がでるようなものでした。

返還にともなってアメリカが地権者に支払う土地現状復旧費用四〇〇万ドル（当時の時価で約一二億円）を日本政府がアメリカに秘密裏に支払う、つまり、日本による肩代わりを約束するものでした。当然、本来はアメリカが沖縄の人々に支払うものですが、そうはせずに、日本政府がアメリカに四〇〇万ドルを払い、その四〇〇万ドルを沖縄の人々に払うという形をつくる、そういうまことに屈辱的で犯罪的な日本政府による肩代わりの密約でした。

最初の段階では密約の内容はここまでしかわからなかったのですが、さらにアメリカの公文書の公開によって別のこともわかった。四〇〇万ドルのうちの三〇〇万ドルが沖縄の地権者には渡っていなかったというのです。米軍経費に流用されたのですね。さらに、この密約以外に、日本が米国に合計一億八七〇〇万ドルを提供するという密約もありました。日本政府が米国政府に西山記者のスクープに対する口止めを要求したことを意味しましょうか。そういう事実が隠されていたことも後に明らかになりました。

●「知る権利」の敗北

西山記者による「密約暴露」が「機密漏洩」に矮小化されていきます。その際、「密約」という国家による権力犯罪が、西山記者と蓮見事務官との男女関係の問題にすり替えられた。決定的な言葉が「情を通じて」。検察側の起訴状における文言です。これが一種の流行語になり、それが最大限に利用されました。かよわい女性事務官を西山記者が籠絡して情報を入手したということで、西山記者も、西山記者が所属する毎日新聞社も道徳的に問題が多い存在だとするストーリーに転換されたわけです。

最初に利用したのが週刊新潮です。当時、週刊新潮社員だった人のホームページに「一つの大新聞社が傾き、崩壊するありさまが、手にとるようにわかったのである。この経験で、週刊新潮は言論によるテロリズムの効果と、その商業的な骨法を会得したのだと思う」と記載されていました（記載は二〇〇六年五月）。このように毎日バッシングは週刊新潮に始まり、事務官の蓮見さんが被害者で西山太吉記者が加害者だという男女のもつれの問題にされたものですから、なおさら女性週刊誌が飛びついた。

「情を通じて」キャンペーンに読売新聞、産経新聞も同調しました。のみならず読売新聞は毎日新聞からの読者の引き剝がしに熱中さえしました。朝日新聞の反応はどうだったか。当初は「知る権利」という観点から朝日は毎日に共感的でしたが、「情を通じて」のキャンペーン以降、沈黙状態になります。最後の最後まで毎日新聞への支援的な論調、西山太吉氏への支援的論調を維持したのは、私の記憶に間違いがなければ、東京新聞一紙だけでした。

警察、検察庁、週刊誌、読売新聞の連合的な「情をつうじて」キャンペーンの中で、毎日新聞から毎日、何万部という読者が離れていきました。それは怖いほどの減紙でした。私が毎日新聞社に入社した当時、毎日は朝日と業界のトップを争っていました。しかし、この西山事件を契機に大逆転が起きます。毎日は減紙に継ぐ減紙。ついに大新聞競争から脱落せざるをえなくなります。毎日新聞社も労働組合も、最終的に西山記者を守りきることができませんでした。

結局、西山記者は依願退職ということになってしまいます。日米両政府による権力犯罪をチェックした番犬＝西山記者と毎日新聞社が、権力とその飼い犬に敗北したという、絵に描いたようなできごとでした。

●NHK番組改竄問題

朝日新聞（二〇〇五年一月一二日付）によると、当時のNHKの松尾総局長と野島担当局長らが、自民党の中川昭一（経済産業大臣・当時、故人）と安倍晋三（内閣官房副長官・当時）の二人に議員会館に呼び出され、NHKの番組『女性国際戦犯法廷』について、「一方的な放送はするな」「それができないなら、やめてしまえ」と放送中止を求められたということです。これは、戦時性奴隷（いわゆる従軍慰安婦）の問題について、当時の天皇ヒロヒトと軍部に責任があることを明らかにするための法廷です。この法廷の結論で「天皇ヒロヒトは有罪」と出ています。

朝日の報道は、ＮＨＫの当番組の責任者であった長井暁チーフプロデューサーの内部告発そのままの内容です。しかし、ＮＨＫは以後、「朝日新聞虚偽報道問題」と題した報道を継続します。一時期、ＮＨＫと朝日新聞はチャンチャンバラバラの喧嘩をやりました。本来なら朝日とＮＨＫとは対立する必要がなかったはずです。両方とも〝真の敵〟を見失っていたのですね。ただし、外見的には安倍・中川とＮＨＫが連合して朝日潰しに走ったというふうに見えますね。その点では、西山事件で毎日を屈伏させたのと同じ手口で、朝日潰しを考えていた可能性は大です。

ＮＨＫ番組改竄問題への各紙の論調はどうであったか。毎日新聞（二〇〇五年一月一五日付）は、「そもそも事前に、しかも密室で番組内容を政治家に〈ご説明〉すること自体が報道機関として異常。そして、どんな言い回しであろうと、こうした状況下での政治家の発言は〈介入〉〈圧力〉に等しいと受け止めるのが世間の常識ではないか」としていました。朝日新聞（同日付）もほぼ同様の論調でした。東京新聞も「報道機関としての生命線を危うくするもの」と指摘しています。北海道新聞は「通常の編集だと主張しても、政治的な配慮を疑われても仕方がない状況を生み出した」と、それぞれまっとうな論評をしていました。

他方、読売は同日の社説で「番組の事前チェックは当然のこと」「そもそも従軍慰安婦は戦時勤労動員の女子挺身隊を〝慰安婦狩り〟だったとして、歴史を偽造するような一部のマスコミや市民グループが偽情報をふりまわしたことから国際社会の誤解を招いた」と異様な歴史修正主義を展開しました。それにしても、「事前チェックは当然」とは、とても言論機関の主張とは思えません。産経は「（内部告発した長井暁チーフプロデューサーの）男の涙などに惑わされないという冷静な判断が求められる」という愚劣な内容。「男の涙」という言い回しは、まさに西山事件における「情を通じて」と同じように読者の劣情を組織する、レベルの低い悪質なものでした。

朝日、毎日、東京の論調と、読売、産経の論調のちがいは相当鮮明であり、このちがいは他の政治問題や社会問題についてのその後の論調においても共通しています。二〇一七年六月二二日付の毎日新聞のオピニオン欄では、「共謀罪法」を各メディアがどうとらえたかを整理して報道していました。テレでは、NHK、フジテレビが「テロ等準備罪」、テレビ朝日、TBS、日本テレビは一応「共謀罪」と呼んでいます、この法律はテロとは本質的に関係のないものであって、内実は共謀罪法そのものなのですが。

新聞には全国紙とブロック紙と地方紙とがあります。全国紙でいうと、毎日、朝日、日経までは「共謀罪法」、読売、産経は「テロ等準備罪」。ブロック紙と地方紙の大部分は「共謀罪法」です。このようにブロック紙と地方紙はおおむねまっとうなのですが、例外的に北国新聞、富山新聞は「テロ等準備罪」としています。福島県には福島民報と福島民友という二つの地方紙がありますが、読売系の民友は「テロ等準備罪」、毎日系の民報は「共謀罪法」です。

地方紙のなかでも沖縄タイムス、琉球新報は非常にすぐれた新聞で、むろん、両社とも「共謀罪法」と報じました。タイムスは朝日系、新報は毎日系です。毎日新聞では月に何度か、琉球新報の論説委員クラスの原稿をそのまま毎日新聞に掲載しています。本土の新聞は沖縄の記事を掲載する頻度が低いので、それを埋め合わせるためなのでしょうね。本来なら、毎日新聞の記者がきちんと沖縄問題を書くべきだと私などは思いますが。

●安倍首相の「おともだち」や「チルドレン」のメディア観

ＮＨＫ番組改竄問題でＮＨＫと朝日を屈伏させて、安倍晋三およびその周辺が「味をしめた」というほかないことは、その後の動向にも見てとることができます。

二〇一四年、安倍晋三のおともだち的な存在であるＮＨＫ籾井前会長が就任記者会見（二〇一四年一月）で述べたことは特徴的でした。「特定秘密保護法」について「まあ一応通っちゃったんで、言ってもしようがないんじゃないかと思うんですけども」と述べ、「竹島・尖閣諸島問題」については「日本の立場を国際放送で明確に発信していく、国際放送とはそういうもの。政府が『右』と言っているのに我々が『左』というわけにはいかない」と、政府ベッタリの報道をしていくと宣言。放送内容についても「日本政府と懸け離れたものであってはならない」。最近交替しましたが、とんでもない人がＮＨＫの会長になり、かなり長く君臨していたのです。

熊本地震発生後の籾井発言も大問題ですね。「原発報道について住民の不安をいたずらにかき立てないよう公式発表をベースに伝えてほしい」と指示しました。独自の調査報道などせずに、公式発表、つまり、政府見解だけ伝えよ、という訓示ですね。戦前、大本営発表を鵜呑みにして報道した、そのことを反省するのではなく踏襲するというのですから、まさに驚きです。

政府と東電と当時の原子力安全保安院（現・原子力規制庁）と原子力ムラの御用学者、それに大手メディアによる情報の隠蔽が続いて今に至っていると思います。また、記者クラブの問題もありますし、東電は大きなスポンサーとしてメディアに影響力をもっている。新聞もテレビも「冷温停止」「除染で安心」「ストレステストで安心」などと報道し、原発輸出についても肯定的な言説を多く流しました。「冷温停止」などという定義不明の言葉がメディアで垂れ流されていたことを憶えている人も多いと思います。

さらに、除染がさも効果的であるかのごとき報道も続きました。除染に効果が全然ないとはいいませんが、事故直後、除染よりもいち早く避難することがいちばん重要な方法だったと思いますが、あたかも除染が効果をもつので、その場を離れなくてもいいような報道内容になってしまっていた。

当時の総理大臣は菅直人でしたが、彼は浜岡原発の停止を要請しました（一一年五月六日）。福島原発事故が起きた二カ月後ですが、それ以降、菅直人に対する批判、菅降ろし報道が出てきます。「計画停電」についてもメディアは全く無批判に報道し続けた。すでに明らかになっていますが、当時の最大使用電力が火力＋水力の発電能力を超えたことは一度もないわけで、停電などしなくても問題はまったくなかった。

「原発に依存しないと停電になる」という脅迫に我々もメディアも踊らされてしまったことがあると思います。もちろん自分で意識して節電するのは意味のあることですが、こういう報道に踊らされてしまっては、まずいということです。

安倍チルドレンとよばれる議員たちによる「若手議員勉強会」があったのですが（二〇一五年六月）、そこでの彼らの発言の一部を紹介します。「マスコミをこらしめるには広告収入をなくすのがいちばん。経団連に働きかけてほしい」。「悪影響を与えている番組を発表し、そのスポンサー名を列挙すればいい」。

この勉強会に出ていた、これも安倍晋三のおともだちというべき、講師の百田尚樹はＮＨＫの経営委員でしたが、「沖縄の二つの新聞社は潰さないといけない」「米兵がおかしたレイプ犯罪よりも、沖縄県全体で沖縄人自身が起こしたレイプ犯罪の方が、はるかに率が高い」と。この百田の発言を受けて、沖縄タイムスと琉球新報の二紙について、出席議員も「これらの新聞は左翼勢力に完全に乗せられている。沖縄の世論のゆがみ方を正しい方向にもっていく」などと、ずいぶん盛り上がったらしい。実に浅薄だが、不気味な人びとです。

●「電波停止」発言とテレビの敗北

こうした動きを受けて、当時の総務大臣・高市早苗が「電波停止発言」をして問題になりました。

二〇一六年二月八日、衆議院の予算委員会で「政治的に公平でない放送をするなら電波を停止する」と発言しました。当時の民主党の玉木雄一郎が「憲法九条改正に反対する内容を相当の時間にわたって放送した場合、電波停止になる可能性があるか?」と質問した。それに対して高市は「一回の番組で電波停止はありえない」、「私が総務相の時に電波を停止することはないが、将来にわたって罰則規定を一切適用しないことまでは担保できない」と答えました。そして、安倍首相は高市発言を追認したのです。

高市や安倍にとって、改憲に反対すること自体が中立ではないということになるらしい。しかし、高市も安倍も特別職の国家公務員ですから、当然、憲法遵守義務があるのですが、彼らにその自覚があるのかどうか。

問題になったのが「放送法」です。放送法第一条には、「放送の不偏不党、真実及び自律を保障することによって、放送による表現の自由を確保すること」とあります。この法律ができた時のやりとりで明らかなように、政府に対して表現の自由の保障を求め、政治的な権力の介入を防ぐことにこの条文の眼目があります。

他方、放送法第四条には、放送事業者に対して「政治的に公平であること」を求める規定がある。ただし、これは指示規定ではなく、倫理規定だと受け止めるのが一般的です。それにしても、みてのとおり、四条にはかなり問題があると思います。四条を根拠にして公権力の番組介入が起こりうるからですが、しかし、そのことを第一条が禁止していると考えるのが普通なのです。

こうした攻撃の中で、とくにテレビは闘わずして全面敗北を喫してしまいました。TBS『ニュース23』でアンカーキャスターだった毎日出身の岸井成格君が二〇一六年四月以降番組から降ろされて、今は朝日出身の星浩に代わっています。実を言うと、岸井成格君は毎日新聞の私の同期生です。その年（一九六七年）に入社した記者は全国でわずか一四人しかいなくて、その一人が岸井君であり、私でありました。

岸井成格君は同期生の中ではいちばん保守的で、あまり付き合いたいタイプの人間ではありませんでした。彼は自分の立場を「リベラル保守」といっていましたが、ある日、気がつくと「左翼」として取り扱われていた。なぜかというと、彼が『ニュース23』で「戦争法＝安保関連法にマス・メディアとしては絶対反対しないといけない」と発言し、それが権力の逆鱗にふれたのでしょう。そして、TBSも岸井を守りきれなかったということでしょう。

同じようなことがテレビ朝日の『報道ステーション』でも起きています。古館伊知郎氏は岸井君と同様、さほど進歩的な人物とは思えないけれども、しかし、安倍自公政権からすれば、そういう存在さえも、もはや許容の範囲外だということで、彼も岸井君と同じように一六年四月からこの番組を降りました。NHKの『クローズアップ現代』の国谷裕子さんも同じ時期に降ろされました。今は『クローズアップ現代＋』となっています。私の感覚では、何を言いたいのか、分かりづらい番組になっています。

新聞はどうなっているかというと、すでに触れたように、対立論調の構図が鮮明になってきています。「戦争法（安保関連法）」への賛否を社説で調べますと、「共謀罪」についての論調と完全に同じ分布です。朝日、毎日、東京と主たるブロック紙・地方紙四一紙は「戦争法」に反対するか、少なくとも消極的です。それに対して読売、産経および読売系の地方紙・福島民友と北国新聞は「戦争法」に賛成しています。

●「言論・表現の自由」「報道の自由」は、風前の灯火か？

デービッド・ケイ氏（表現の自由に関する特別報告者）は国連の暫定報告（二〇一六年四月）で、①日本は報道の自由を保障した憲法に誇りをもっているにもかかわらず、報道の自由は深刻な脅威に直面している。特に秘密保護法以後。②高市発言については、「何が公平であるかをいかなる政府も判断すべきではない。メディア規制の脅しと受け止められている。ケイ氏は「放送法四条」の廃止を提言し、「政府は一切のメディア規制から手を引くべきだ」としています。

③記者クラブについては、日本独特のシステムの弊害を指摘しました。記者クラブは閉鎖的でフリーランスの記者を排除することがあります。私自身はほとんど学芸部の記者だったので記者クラブに入ったことはないのですが、多くの記者クラブがフリーの記者を入れないことは知っています。また、ケイ氏は、記者クラブ制度が「調査報道サボタージュ」の源泉であると指摘しています。調査報道なしにジャーナリズムは成立しないのですが、それが行われていない。「記者クラブはやめなさ

い」というのがケイ氏の指摘です。④特定秘密保護法についても、情報が隠され、市民の関心の高い原発、安全保障、防災の分野で知る権利が危機にさらされている——。

ケイ氏はしごくまっとうな指摘をしているのですが、この国の体制側は、これをまったく歯牙にもかけない、完全無視です。

国際ＮＧＯ「国境なき記者団」による報道の自由度のランキングを見ますと、二〇一〇年には一一位だったが、二〇一六年は七二位、二〇一七年は七七位。ＯＥＣＤ加盟国ではこの国が最下位です。低下の理由は、ワシントン・ポストの分析によると、①特定秘密保護法の制定。②調査報道の不足。③メディアの自主規制＝忖度の拡がり、ということになり、こうした状況のなかで、この国における報道の自由はやせ細ってしまったという次第です。

すでにワシントン・ポストは二〇一六年三月六日付社説で、政治的に公平でない放送を繰り返す放送局に電波停止を命じる可能性に言及した高市早苗総務相の発言や安倍晋三首相に近い自民党議員による勉強会での沖縄二紙への圧力などを取り上げ、「安倍政権はメディアに圧力をかけるべきではない」と批判していました。こうした事態を受けて琉球新報社説（二〇一六年五月七日付）は、「政権の意向を忖度する報道は報道の名に値しない。権力の監視こそ報道の使命だと肝に命じたい」と、決意表明しています。こういうまともなメディアが減ってきているということが問題だろうと思います。

●特定秘密保護法の問題点

「特定秘密保護法」が二〇一三年一二月に成立し、二〇一四年一二月に施行されました。「特定秘密保護法」は国の安全保障に関して特に重要な情報を「特定秘密」に指定し、それを取り扱う人を調査・管理し、それを外部に知らせたり、外部から知ろうとしたりする人などを処罰することによって「特定秘密」を守ろうとする法律です。

特定秘密保護法の内容（骨子）は、①「その漏洩がわが国の安全保障に著しく支障を与えるおそれがあるため、特に秘匿することが必要であるもの」を行政機関が「特定秘密」に指定する（防衛、外交、スパイ活動防止、テロ防止の四分野）。②秘密を扱う人、その周辺の人々を政府が調査・管理する「適性評価制度」を導入する。③「特定秘密」を漏らした人、それを知ろうとした人を厳しく処罰する（最高懲役一〇年）などです。懲役一〇年など、かなりきつい内容です。漏らす人のみならず、それを知ろうとした人までが処罰の対象となる。

問題は、何が「特定秘密」になっているかもわからないことです。うっかり秘密のなかに踏み込んでしまうこともありうるでしょうが、最悪の場合、懲役一〇年です。現時点ではまだ適用例はありませんが、今後どうなるかはわかりません。

少なくとも、人びとの「知る権利」が蹂躙されることは疑いありません。国民が選挙を通じて政治に参加していく、すなわち代表者を選ぶことが民主主義の政治の原則ですが、それを円滑におこなうためには判断材料が不可欠です。投票材料を自由に入手できること、「知る権利」が保障されていることが大前提になるはずです。

戦前・戦中のこの国の場合、「知る権利」が十分に確保されていないどころの問題ではなく、主として軍部が情報統制していました。何も知らないところで戦争に突っ込まされていったというのがこの国の大多数の庶民の姿だったと思います。いかに「知る権利」が死活的に重要か、それがわかると思います。

秘密保護法の、当時の担当大臣は森雅子です。「沖縄返還密約暴露事件が秘密保護法の適用事例になるかどうか?」と国会でただされた時、森雅子は「適用事例になります」と答えました。西山記者のあの程度のことでも「秘密保護法の適用例になりそうだ」ということです。以前は国家公務員法違反でも懲役一〇年などという重罰はありませんでした。

●憲法の命運や、いかに?

自民党は二〇一二年、「日本国憲法改正草案」を発表しました。読売新聞は二〇〇四年、「日本国憲法改正試案」を発表し、産経新聞も「国民の憲法要綱案」を二〇一三年に発表しています。自民党案、読売、産経案にはそれぞれ若干の相違がありますが、本質的には似たようなものです。

二〇一六年の参議院選挙（七月一〇日）で、この国は分水嶺を超えたと思います。自民と公明で過半数を超え、改憲勢力が三分の二以上に達してしまいました。衆参両院とも三分の二以上になってしまったのです。いつでも改憲発議をしようと思えばできる状態になったわけです。もし三分の二以上の人たちで発議が行われれば、国民投票の日も遠くない将来におとずれるかもしれない。

今日（二〇一七年一〇月一二日）の毎日新聞に、今回の衆院選（二〇一七年一〇月二二日投開票）についての共同通信の世論調査の結果が出ました。毎日新聞と共同通信が協力関係にあることによる記事掲載です。それによると「自公で三〇〇人を超える」というのです。改憲勢力は自公だけではなく、希望の党も、維新の会も同類なので、それらもかき集めると、かるく三分の二を超えてしまいます（実際、衆院選では改憲勢力が三分の二以上になりました＝筆者注）。二〇一六年の参院選後の各新聞社の世論調査を見てびっくりしたのですが、国民の大多数が「三分の二」の意味を知らない、「国民投票」もわかっていない、こういう問題が一方にあるのです。

現行憲法前文は「日本国民は、正当に選挙された国会における代表者を通じて行動し」云々とありますが、自民党改正草案は「日本国は、長い歴史と固有の文化を持ち、国民統合の象徴である天皇を戴く国家であって」云々と、主語を「国民」から「日本国」に変更し、前文に「天皇を戴く」と出てきます。

第一章「天皇」。現行憲法は「天皇は、日本国の象徴であり、日本国民統合の象徴であって、この地位は主権の存する日本国民の総意に基づく」とあります。自民改正草案では「天皇は、日本国の元首であり、日本国及び日本国民統合の象徴であって、その地位は主権の存する日本国民の総意に基づく」としています。天皇を「元首」にするというのです。「元首」とは国家の主権者、国家の代表者なので、日本国憲法における国民主権原則には合致しないだろうとおもうのですが。読売も産経も自民党の改正草案と同じ。読売は第一〇条で「天皇」を「国を代表して」としているので、実質、元首ですね。産経は第二条で「日本国の元首」と明記しています。

次に九条。現行憲法第九条は「日本国民は、正義と秩序を基調とする国際平和を誠実に希求し、国権の発動たる戦争と、武力による威嚇又は武力の行使は、国際紛争を解決する手段としては、永久にこれを放棄する。二、前項の目的を達するため、陸海空軍その他の戦力は、これを保持しない。国の交戦権は、これを認めない」とありますが、自民党改正草案では、一項はそのまま残し、現憲法の二項を次のように変えてしまう。「二、前項の規定は、自衛権の発動を妨げるものではない。内閣総理大臣を最高指揮官とする国防軍を保持する」。

これが自民党の草案のはずですが、二〇一七年五月三日、安倍首相が、現憲法の二つの項目は残したまま、ここに「自衛隊の存在を明記する」と言い出したのはご承知のとおりです。自民党草案と安倍首相の考え方は違うのですが、現時点の自民党内は安倍一強なので、全体として現憲法を残したまま、そこに自衛隊の存在を明記する方向に流れつつあるようです。ところが、自衛隊の何をどのように明記するのかは不明です。読売新聞は第一二条「自衛のための軍隊をもつことができる」。一六条「軍を保持する」としています。自民党草案と似たようなものです。

第三章「国民の権利及び義務」。現行憲法第一二条「公共の福祉のためにこれを利用する責任を負う」というのを、自民党改正草案では「公益及び公の秩序に反してはならない」となっています。「公共の福祉」がなくなり、「公益及び公の秩序に反してはならない」が重視されます。読売は第五章に移動し、現憲法の条文の「基本的人権は現在及び将来の国民に与えられる」を削除しています。産経は第四章に移動し、基本的人権の保障を規定していながら、第二項で、その保障は「国の緊急事態の場合」を例外としています。国の緊急事態の場合は国民の権利を保障しないと。

「公共の福祉」と「公益及び公の秩序」とは何か。公共の福祉はpublic welfare。人権概念における社会権に相当し、社会権の実質的保障のためにのみ、時に自由権の制限がありうると規定していると読みとるべきです。「相対立する人権を調整するもの」ととらえるべきです。具体的な例でかんがえてみます。

この海辺の村には津波がやってきそうだ。近くに高い建物がないから逃げられない。仕方がないので近所にみんなが逃げ込めるような高い建物を建てようとする。その建物によって日照権を妨げられる人が出てくることもありうる。その場合、その人は日照権を公共の福祉のために犠牲にせざるをえない。「受忍の義務」がある。自由権の制限は公共の福祉のためにのみ時に発生するということです。自民党改正草案は「公益＝国益」、つまり、national interest。「体制側の利益を損なわない限りにおいて人権を認める」という規定なのです。「公の秩序」とは「国家体制の秩序」であるということらしい。

「緊急事態条項」は自民党改正草案九八条にあり、「国会の事前同意がなくても、閣議だけで首相は緊急事態宣言を出すことができる。内閣は、法律と同じ効力をもつ政令を制定できる」と。国会は唯一の立法機関だが、これでは内閣が立法権を国会から奪うに等しいことになる。実際、安倍首相は二〇一六年五月一六日の衆院予算委員会で、山尾志桜里議員の質問に答え、「議会については、私は立法府の長であります」と答弁しました。冗談ではない、首相は行政府の長ではあっても、立法府＝国会の長などでは断じてない。安倍首相はすでに「緊急事態条項」を先取りしているのでしょう。

また、この条項では「何人も国の指示に従わなければならない」ともいいます。国民は絶対服従を強いられる。基本的人権については「保障」が解除され、「尊重」に格下げになる。「地方自治体の長に必要な指示を出すことができる」とも定めているのですが、このやり方はナチスの手法とよく似ています。麻生太郎副総理が「ナチの手法に学べばいい」といったことを想起すべきです。

●マス・メディアのイデオロギー作用

私の考えでは、「マス・メディアは社会的に構成されるものであると同時に、一定の社会的リアリティを構成するものである。また、メディアは商業性をもつと同時にイデオロギー的な政治性をも含みこむ。ゆえに受け手は、メディアに含まれる〝意味〟を常に吟味する必要がある」ということになります。現在のマス・メディアは商業性をもつと同時にイデオロギー的な政治性をも含みこむことは避けられないようになっている。

肝心なことは受け手の側が、メディアに含まれる「意味」を常に吟味する必要があるということです。一体、このメディアは我々をどこに連れていこうとしているのか、それをつねに考えながらテレビを見て、新聞を読む。テレビも新聞も昔ほどの影響力はないと思われるかもしれませんが、実は、その影響力はいまも大きいのです。最近の日本新聞協会の調査では、残念なことに、いちばん信頼できるのは「ＮＨＫニュース」という人が多いのですが、その次は「新聞」です。どちらも三〇％以上でした。ＳＮＳに信頼をおいている人は三％ほど。ちょっと信じられない数字ですが、事実は事実です。

社会学者の亘明志さんは次のように述べています。「第一に、国家権力にとってマス・メディアは、遠ざけるべき煙たい存在であるよりは、大衆操作のためにむしろ積極的に利用すべきものとみなされる。第二に、国家権力に利用されるばかりではなく、受け手にとって、巨大化したマス・メディアは、〝第四の権力〟として立ちはだかることになる。マス・メディア自体が、情報の受け手にすぎない個人に対して、社会的権力として立ちはだかる」と（亘明志「メディアと権力」、岩波講座現代社会学第24巻四八頁）。

「第一に、国家権力にとってマス・メディアは、遠ざけるべき煙たい存在であるよりは、大衆操作のためにむしろ積極的に利用すべきものとみなされる」。安倍政権はこれを両方使っています。「遠ざけるべき煙たい存在」と「積極的に利用すべきメディア」を完全に分けて、両方を利用している。テレビ朝日とかＴＢＳには安倍首相はほとんど登場しません。新聞でも朝日、毎日、東京新聞にはまず出てきません。読売新聞、それに日本テレビやフジテレビを利用する。あれだけ安倍政権に忠誠を誓う産経新聞は、部数が少ないこともあってか、気の毒にもおおむね無視されています。

二〇一七年五月三日、安倍首相は自分自身の憲法改定の方向性を読売新聞の単独インタビューの場で語りました。それが国会で問題になり、「国会で発言するより前に読売新聞に語るのは国会軽視ではないか」と当時の民進党の長妻議員が質問すると、「内閣総理大臣としてインタビューに答えたわけではなく、自民党総裁の立場で話した」と逃げましたよね。ところが、その日の読売新聞を見ると「首相インタビュー」と見出しに明記されています。安倍首相はどうもすぐにばれるウソをぬけぬけとつける人物であるらしい。

亘さんの「第二に、国家権力に利用されるばかりではなく、受け手にとって巨大化したマス・メディアは第四の権力としてたちはだかることになる」という指摘もそのとおりだと思います。

●メディア・リテラシーによるエンパワーメント

ではどうするのか。Ａ・シルバーブラッドというメディア・リテラシーの研究者が、受け手側に要請される事柄を列挙しています。なかなかに困難なことではありますが、やはり、こういう努力が受け手の側にも必要だろうと思われます。

①受け手側もきちんと「気づく」必要がある。メディア・メッセージの影響を検討・理解して、ある程度まで報道に精通する努力が必要だということです。②次に「分析」する努力が必要です。メッセージをつくりだしている政治的・経済的・社会的・文化的要因は何かを考えることが重要です。③「考察」することです。個人の意思決定・ライフスタイル、態度・価値観におけるメディアの役割を考察する。④「行動」。それに基づいて受け手側として適切な戦略を決定する。こういうことが重要ではないか。

言葉としては簡単ですが、実際問題としては受け手の作業としてはそう簡単にできることではないと思います。が、メディアとの接触に際して上記のことを意識する必要があるというわけです（A・シルバーブラッド他著『メディア・リテラシーの方法』安田尚監訳、リベルタ出版、一二〇頁）。

●私自身はどのように行動してきたか

二～三年前まで私は大学での持ちコマの一つとして「実践文章講座」という科目を担当していました。文章作法を教えるこの授業のなかで、毎回必ず受講生に取り組ませたのが「三分間ニュース解説」です。その授業の冒頭部分で、毎回、二～三人の受講生に、その一週間でもっとも気になった新聞記事についてニュース解説をさせるやり方です。その記事を切り抜いて、受講生の人数分をコピーして配布させ、それに基づいて学生なりの解説を試みるという次第。なかなかメディア・リテラシーの水準に達することはむずかしかったにしても、最近の学生は、本はおろか新聞も読まない現状があるので、それなりに意味のある取組みだったのではないかと思っています。受け手として送り手の意図を読みとるという訓練ですが、やはり、一年間続けると、それなりの成果をあげられたように私自身は感じています。この取組みを一〇年間ほど続けました。

また、「情報処理実習」というコマを担当していたときには、受講生を取材記者にし、私が編集者になって、学内新聞『花大学生文化』を不定期に発行していました。受講生が送り手＝発信者になる取組みです。主として学生生活にかかわりのある学内問題をとりあげ、学長インタビューやルポルタージュ、さらには論説（社説）をつうじて、学生の意見を展開させました。発行部数数十部という極少メディアでしたが、それは送り手体験としてそれなりに意味のある取組みだったと思います。

また、同じコマではラジオ放送にも手をひろげました。「京都三条ラジオカフェ」という京都市域だけのＦＭラジオ放送局（中京区御幸町三条下る）がありまして、ここを舞台に二年間にわたって、隔月一五分番組を制作して放送しました。参加した学生はもちろんですが、私にとっても実に楽しい経験でした。これもまた、送り手＝発信者を体験するという意味がありました。むろん、一五分番組といっても、取材や編集には数日間の作業が必要であって、なかなかに面倒なので、取組みを再開したとして、いまどきの学生がついてくるかどうかはちょっとわかりませんが。

私個人の取組みとしては、八木晃介個人新聞『試行社通信』（月刊・四頁建て）があります。一回分の文章量は四〇〇字詰原稿用紙換算で約四〇枚分です。一人で発送作業をするので読者を二〇〇人に限定しています。ですから、これも典型的なミニ・メディアです。この個人紙をはじめたのが一九八六年六月だったので、現在三一年目に入っていることになります。自己満足的な発信といわれれば、そのとおりなのでしょうが、自己満足以外にどんな満足があるのか、などと私自身は開き直っています。

それから、受け手＝受信者として重要なことは、各マス・メディアと接触し、意見開陳し、交渉することではないかと思っています。先にふれたNHKの「番組改竄問題」が起きた時、私は市民運動家に誘われて、同志社大学や京都大学の教員といっしょになってNHK京都放送局に押しかけ、この問題について交渉しました。東京での出来事なので京都放送局とやりあっても意味がないといえばいえなくもないのですが、しかし、京都での出来事は東京に報告されるはずであり、そう考えて交渉を繰り返したものです。受け手としての意思表示は絶対必要だと思います。

また、すぐれた記事や番組に対してはファンレターを出す、ロクでもない記事・番組にはブーイングレターを出すという作業も有意義です。読売、産経に出してもあまり意味はないかもしれませんが。NHKも年に一、二本はいい番組を放送するので、それについては褒めてあげることも重要でしょう。最近でいえば、二〇一七年八月一五日放送の『沖縄と核』（NHKスペシャル・スクープドキュメント）は実に優秀な作品でした。これにはファンレターを出さなかったのですが、そのかわり、個人紙『試行社通信』の一面を割いて高く評価しました。

良ければ褒める、悪ければけなす、こういうことを読者や視聴者の多くが実践すれば、メディアに対して一定の影響をあたえることができるはずなのです。俗に「豚もおだてりゃ木に登る」ともいわれるとおりで、褒めることでメディアで働く人間にやる気を起こさせる、そういう戦略も受け手としては必要かな、と思います。

（花園大学人権教育研究会第１０１回例会・二〇一七年十月十二日）

子どもの育ちと障害にかかわる権利保障

山口真希

今日は貴重な話題提供のお時間をいただきましてありがとうございます。私は大学生の時、特別支援教育の勉強をしていたのですが、教育についてモヤモヤとした疑問とか、いろんなものを感じたり抱えたりしていて、なんとか解消したいなという思いがあり、だけど教育学ではないなと大学院は心理学の道に進みました。それから発達心理学をベースに物事を考えてきました。

私の研究テーマは発達心理学の中でもマイナーなところで、昔は盛んに研究されていた分野だそうですが、それも何十年前のことで、今は少数派になってきています。「子どもの数概念」を切り口に、「認知の発達とその障害」について研究をしています。今日は途中で子どもの「数」の認識が具体例として登場します。

私の問題意識からお話させていただけたらと思います。三人きょうだいの一番上ですけども、一歳離れた妹がダウン症です。小学校五年生の時に彼女が生まれたんですが、最近では珍しいケースかなと思います。というのは、彼女は「ダウン症」という診断をもっているんですが、私は全く知らずに大学生になってしまいまして、大学院生になるまではっきりとした診断名を聞くことがなかったという意味でレアケースなのかなと思います。

「ダウン症」ってはっきりしていて、外見上にも特徴があるのでわりとすぐ教えられる感じなのかなと思いますが、自分で気づくことはなく、両親からはただ「発達がゆっくりした子」だと教えられました。「障害児」と呼ばれる存在だと全く認識することなく、ひとつ屋根の下でのほほんと暮らしてきた、そういう生活経験があります。大学生の頃、同じ小学校区の子どもから妹のことについて「なんの病気もってるの?」「どこが悪いの、○○ちゃん」と聞かれたこともあって、ちょっと戸惑って「病気なんてないんだけどな。悪いところってあるのかな」って答えに窮するような経験をしてきたりもしました。

大学院生の頃、障害のあるきょうだいの支援の研究をしている人からインタビュー調査を頼まれて請け負ったことがあります。その結果がまとめられたものを見せてもらい、唖然とする経験もありました。「きょうだい児の不幸は障害児の正しい知識不足によるものだ」とか、そういうまとめられ方をしていて「正しい知識があれば、きょうだいも幸せに暮らせるのに」というストーリーだったたもので、ちょっとびっくりしてしまったということもあります。そういうこともありながら「障害って何なのかな」「障害って知識として理解できれば救われるのかな」とか、そんなことを疑問に思いながら過ごしてきています。

妹が小学校に進級する時、両親は通常学級に入れたかったんですね。妹は保育園に通って普通にやってきたので小学校も通常学級に入れるだろうと思い、入れたかったわけですが、「担任の先生の負担が大きいので受け入れられません」と校長先生にいわれ、教育委員会に交渉しても難しかったという経験を家族と共有しながら今日まできています。なぜ教育を受ける権利を平等に享受できないのか、そういったことを考えるきっかけでもありました。

妹は結局、特別支援学級に在籍するようになったんですが、なぜか時間割が生活科とか作業学習、いわゆる領域教科を合わせたような時間割が多くて、国語、算数、理科、社会、といった主要教科といわれるものが全く見当たらない。かたや妹の隣のクラス、入れてほしかった通常学級では算数も国語も社会も当然勉強している。なんで教室が変わっただけで、学ぶ枠組みが丸ごと変わってしまうのかなというのも、ここで考え始めるきっかけになりました。

先生におたずねすると「算数は必要ありません。この子は将来、算数を使わないので別のもっと大事なことを勉強します」と説明を受けたりしました。他に大事なことがあるんだろうとなんとなく思いながらも、「算数って将来使うために勉強しているのかな?」「そもそも人は数を、なぜ学ぶのかな」とか、そんなこともモヤモヤ考え始めていました。特にそのあたりにこだわって考え続けるようになっていきました。

●教育において「みんな同じ」は本当に大切なのか

みんな一緒にって言葉は美しいですよね。かつては「みんなと同じように妹も算数の勉強をやってほしいな」とか「通常学級でみんなと一緒に学んでほしいな」と思っていました。みんなと一緒に同じことを学ぶって、すごくきれいなフレーズですよね。「みんな同じ」って一見美しいなって思うんですが、果たしてみんな同じというのが本当に大切なことなのかどうか、本当にそれが大事なのかということをイントロとして考えていきたいと思います。

最近障害をめぐって、法制度が進んできています。二〇〇六年、第六一回国連総会で「障害者の権利条約」が採択され、日本は二〇〇七年に署名をしているんですが、締結に向けて他の整備を進めていく必要があるということで、後になって締結をすることになります。その間に「障害者基本法」の改正、二〇一三年には「障害を理由とする差別の解消の推進に関する法律」(障害者差別解消法)等、必要な国内の法整備をどんどん進めていって、最終的に二〇一四年に「障害者権利条約」が批准されています。

これによって、国内外から障害者施策をもっと進めていこうと求められるようになっている背景があります。教育界では「教育基本法」が改正されたり、子どもたちの個別のニーズに応じた支援をしていこうとか、二〇〇七年、「特殊教育」が「特別支援教育」に転換したりとか、そういう流れもあって進んでいます。

「障害者権利条約」が採択されると世界各国では「インクルーシブ教育システムの構築」に向けた動きが盛んになっていきます。条約の第二四条に教育のことが書かれていて、「インクルーシブ教育システム」とはどういうものか、そこに「合理的配慮」が必要だと明記されています。障害のある子も、ない子も、英才児と呼ばれるような子も、ストリートチルドレンの子も、労働している子ども、人種、民族、文化的マイノリティーの子ども、何らかの困難を抱えている子ども、すべての子どもを「違い」によって区別するのではなくて、どの子も一人ひとり違ってあたりまえ」という前提に立って教育を進めていこう。必要な支援をしていこう。多様性を尊重していこうという考え方だと解釈しています。大事なのは「多様性の尊重」ということなのかなと個人的にも思っています。

日本でも「発達障害」と呼ばれる子どもを含めた学級づくり、授業づくり、「ユニバーサルデザイン」の視点を採り入れながら実践が進められてきています。いろんな定義があるみたいですが、「どの子もわかる授業」「どの子もできる授業」を目指し、「焦点化」「視覚化」「共有化」という三つの条件を意識した取り組みが行われています。

「どの子も過ごしやすい教室環境をつくりましょう」ということで静かな教室、整理され、構造化された教室、時間割の進行を示す掲示等が推奨され、どこを音読するのか分かりやすく提示しましょう、板書も大事なところはチョークの色を変えて見やすくしましょう、集中することが困難な子は前の方に座らせましょう、黒板の周辺を整頓しましょう、そんな方針でハウツーが示されています。もちろん大事な視点だと思うし、大事な取り組みだと思うんですが、私はちょっとだけ違和感があって、「学習の主体である子どもの視点が見えないな」と感じます。どちらかというと先生主体、先生が授業をしやすいように構造化をしようという意図に基づいている気がしてしまいます。

一方、授業場面ではこういう取り組みが行われています。「学習のルールづくりをしましょう」。子どもが主体的に考えて発表するための環境をつくるのは、とっても大事なことなので、「こういう話型で話しましょう」と話し方までルールが作られたりします。「チャイムを合図に着席しましょう」「子どもに対する注意も簡潔にしましょう」「指示も簡潔に具体的にやりましょう」等です。授業がテンポよく効率的に進行することになりますといって、方法論ばかりが語られます。

窮屈な感じがするのは私だけでしょうか。発言の仕方も決められたり、細かいルールがあったりします。中にはじっくり考えたい子もいるかもしれないし、テンポよく進んでいくことも大事かもしれませんが、授業を通していろんなことを考えたい子どももいるかもしれません。目標が最初から決められて同じゴールに向かって同じスピードで「ヨーイドン」と進んでいかなくちゃならない。電車に遅れないように、なんだかせわしないなというか、そういう印象を抱いてしまいます。最初から細かくいろいろ決められている中で、子どもたちはどこまで自分らしさが発揮できるのだろうか、個性が尊重されるのだろうかと思います。

「ユニバーサルデザイン」と銘打って、素晴らしい実践ももちろんあるのだろうけど、多様性の尊重とは逆に「画一化」を目指す方向に向かっていってはいないかと、心配な気持ちもおこります。『日本の子どもはなぜ自尊感情が低いのか』という本の中で古荘純一先生がオランダと日本を比較して、こんなことを書かれています。日本は「最大限ルール」の国だと。二〇〇七年ユニセフの「幸福度調査」で子どもたちの幸福度が先進国の中で最も高く、孤独を感じる子どもが最も少なかったのがオランダだそうです。オランダの教育は「最小限のルール」しかないそうです。それに対して「孤独を感じる」子どもが最も多かったのが日本だったそうです。

オランダと直接比較をすると、子どもたちの自尊感情にも格差があり、日本はオランダの子どもたちより自尊感情が低かったそうです。もちろん社会背景の違いもあるのですが、その教育背景を比べた時、ルールの多さ、少なさの違いがあったそうです。日本の中では授業の五〇分間はずっと席に座っていないといけないとか、先生が「前へならえ」といったら「前へならえ」をしないといけないとか、「質問をする時は手を挙げてからじゃないといけません」とか、先生から質問をされて発言をするんだけども、「発言をする時、みんなの方向を見ている」とか、なぜかコミュニケーションが奇妙なことになっているということも含めて、教室の中には特有の秩序がたくさんあるんじゃないかということです。

他の研究者も同様の指摘をしています。本来、会話というのはキャッチボールのはずなのに、教室ではコミュニケーションを考えた時に奇妙なことが起きている。いくつもいくつもルールがあって、だからこそルールや言語ゲームに乗りきれない子どもが出てきたりする。それをさらにルールで縛る、ルールで支配しようというスパイラルの中に陥っているという事態が起きていたら、それはちょっと残念だなと思います。

いいか、悪いかの判断は簡単にはできないと思いますが、ここで子どもの意思とか思いというのは入り込みにくいなと感じています。藤川大祐編著『授業づくりネットワークNo.25―インクルーシブ教育を実践する！』（学事出版）という本が二〇一七年四月に出ています。その中で藤川大祐先生が、こんなことを書いておられました。「ルールの一つひとつ、先生があたりまえにしてきていることとかが問い直されている時代になっているんじゃないか」という指摘です。

こんなことを書いておられました。「授業中は自分の席について当然」「板書はノートに写せて当然」「気持ちを表情で伝えながら話ができて当然」「習った漢字は読めて当然」とか、いろんな「あたりまえ」があり、いろんな「ルール」があり、先生の「あたりまえ」というのは九割の「常識」なんじゃないか。そうすると一割が「排除」されてしまうのだと書いておられました。

授業中に席につくというのはもちろん大事ですが、席につくこと自体に意味はないというか、それが目的ではなく、学ぶことが目的になると思うと、何のために一生懸命注意をしているのか分からなくなります。ルールができ上がると、当然そこから排除される子どもが出てくる。「ルール自体を考え直す、問い直す」ことが求められているのだと思います。

「多様性を尊重する」ということを考えた時、「あたりまえを問い直す」というのが、一つ大事な作業になるのかなと思います。ただ、そうはいっても「多様性を尊重」していくことは難しいのだろうなど私自身も感じていて、そういうお話を次にしていこうと思います。

●多様性の尊重を難しくしているものは何か

特別支援学校の高等部を卒業し、作業所で働き始めた妹の話をします。私の誕生日をお祝いしてくれた時、妹に撮ってもらった写真があります。彼女は私にプレゼントをくれて、私はそれを手に持って記念写真を撮ってくれるようにお願いをしました。ところが、何度も何度も写真を撮ってもらうんですが、フレームがずれるんですね。「もう一回撮り直して」と何度も撮り直してもらって最終的にやっと唇が入ったので、「これでヨシとしよう」ということにしました。妹も付き合ってくれた、最後の一〇枚目ぐらいの写真です。

これはどういうことが起きていたと思われますか。妹としてはちゃんと被写体をフレームの中に収めているんですね。自分が稼いだお金で買ったプレゼントをちゃんと真ん中に写しているということなんですね。それに私がずっと気が付かなくて、二週間ぐらいしてから携帯を他の人に見せて「これ、どう思う?」と聞いたら、「ちゃんと撮っているんじゃない?」って指摘を受けて「あ、そうだったのか」と理解に至った思い出の写真です。

有名な「ルビンの杯」という「図地反転図形」がありまして、二つの絵が見えるものです。心理学で、ある物が他の物を背景として全体の中から浮き上がって明瞭に知覚されるとき、前者を図といい、背景に退く物を地といいます。人の顔が見えるとき杯は背景になっています。つまり人の顔が図として浮き上がって見えて杯は地として背景に退いてみえる。逆に杯が見えるときは杯が図で、人の顔は背景、つまり地ということです。その人のそのときの志向性によって人が見つめ合うようにみえたり杯にみえたりする。

これを踏まえてさっきの写真をもう一度見ると、妹と私で何を「図」とするか、何を「地」とするか、考え方、切り取り方の違いなんだなということがわかります。妹は、プレゼントが図であったわけで、それをちゃんとフレームに収めているわけですね。私は自分の顔が図に入るはずだと思っているのでフレームに収まらないということで苛立ってしまった。

何を問題にするかとか、何を捉えようとしているかとか、そういったことのずれが、しばしば人と人との間には起きやすいんじゃないかなと考えています。特に弱いもの、自分より弱いなと感じる相手に対して「図」と「地」のずれ、こういったすれ違いみたいなことが生じやすいんじゃないかなと考えています。

一九六〇年代、開発途上国に対して西洋社会の高度な科学技術を普及させてあげようという、少々お節介な動きがあって、その一環でアフリカ原住民のクペル族と呼ばれる民族の人々の村に西洋から研究者がやってきて、あれこれ問題を出したというプロジェクトの一環のお話をします。その時の問題文とやりとりで、こんなことがありました。クペル族の長老に論理的思考能力があるかどうかを調べるために、あれこれ問題を出したそうです。

問題の一つが次のものです。研究者はクペル族の長老に「蜘蛛と黒鹿はいつも一緒に食事をします。今、蜘蛛が食事をしています。では黒鹿は食事をしていますか?」と尋ねました。答えは「イエス」かなと思うわけですが、この村の長老は「イエス」とはいわなかった。逆に質問されて「二匹は森にいたのか?」とおっしゃった。研究者は「そうです」と答えますが、長老はさらに「二匹は一緒に食事をしていたのか?」とまた尋ねました。

研究者が、もう一度、問題文をリピートします。「蜘蛛と黒鹿はいつもいっしょに食事をしています。今、蜘蛛が食事をしています。では黒鹿は食事をしていますか?」と。しかし「わしは、そこにいなかったんだから、そんな問題にどう答えられるというのかね」と、長老はこうおっしゃったそうです。すると研究者はそれを受けてこう言いました。「答えられませんか。もしあなたがそこにいなかったとしても答えられるんじゃないですか」と。詰め寄ったんですね。そうすると長老は、「ああ、そうじゃ。黒鹿は食事をしておる」と、やっと答えてくれたそうです。

疑い深い研究者は、もう一度、尋ねます。「理由はなんですか?」と詰め寄るわけです。すると長老は「理由は黒鹿はいつもそこいらを一日中歩き回っては繁みの葉を食べているからだ。それから黒鹿は少し休んで立ち上がり、また食べ始めるんじゃ」と延々と語り始めました。そういうお話だそうです。

どうでしょう。ここでどのようなことが起こっていたでしょうか。おそらく研究者は、長老の受け答えを見て「推論能力なし」と判定したと思います。果たして長老は間違っていたのかということですけども、実際にその状況に身を置かなくても、言葉を用いてあれこれ考える「言語ゲーム」、研究者はそういった言語ゲームに慣れた者と言えると思いますが、そこからすると答えを導けない長老は能力はないんだと評価をするのかもしれません。この長老は言葉のやりとりのゲームを知らなかったわけだし、むしろ森に住む動物たちの生態については遥かに多くの知識を研究者よりもっているると思うんですね。

いわゆる権力者というか、評価をする者と、評価をされる者や弱い者との間には、ずれのような、すれ違いが起きやすいのではないでしょうか。私たちは常に自分の文化や価値観に基づいて、自分の文化的枠組みの中で他者を評価しているので、慣れ親しんだ思考があたりまえになっています。だからそれと違う相手を見て「おかしい」「論理的能力がない」「劣っている」等と感じるのではないかなと思います。

教室ではどのようなすれ違いが起きているのか。ある引き算の導入場面の例を紹介します。先生の語りです。「あひるが四わ、かもが六わいます。違いは何ですか。これは何算かな。足し算かな、引き算かな」。おそらく子どもが「引き算」と口々に言ったんだと思います。「そう、引き算ですね。どういう言葉でわかるかな?」。「そうそう、『ちがいは』ですね。じゃ、おはじきでやってみましょう」というやりとりです。

おそらく子どもはこういう世界観だったんじゃないでしょうか。〈「引き算かな、足し算かな?」って先生は言うけど、どっちを言って欲しいのかな。前は足し算だったから今は引き算かな。先生が

「どういう言葉でわかるかな?」って言ったけど、先生が問題文読む時「ちがいは」ってとこ、大きな声だったからきっと「ちがいは」かな〉。

何かよくわからないけども、先生は「引き算」って言わせたいんだなとか、先生は「ちがいは」って言って欲しいんじゃないかなとか、子どもは先生の心を読もうとしていて、先生が答えて欲しいことを探り当てようとしている。一生懸命、先生に合わせてお勉強しているというようなことが、しばしば教室では起こっていると思います。

ある意味、これは「ずれて」はいないんですよね。先生の期待に一生懸命、子どもが「添おう」としている。先生としては「子どもが、わかっている、理解できているな」と思っているけども、子どもの理解は、もしかしたら実態とは違うんじゃないでしょうか。子どもが先生に「添う」ということが教室の中で起きていて、ある意味、「ずれて」はいないんですが、先生の中の子ども理解と子どもの実態がずれていくように思います。

また、子どもたちが先生に従い続けることが突き進むと、「多様性の尊重」と反対の事態につながるのではないかと思います。「評価を受ける側」と「評価をする側」の関係性の中では、こういう構造が拭えないのではないかと思っています。その先に行きつくところは何なのかというのを、これからお話をさせていただこうと思います。

●大人の期待に沿う先に何が待っているのか

私は以前、知的障害特別支援学校で研究をさせてもらったことがあります。私は、子どもにおやつを配ってもらうという少し変わった研究をしています。「ケンカしないように同じだけ配ってね」と子どもに均等配分をお願いする、あるいは別の課題で「これは、いくつあるかな？」と数えてもらう、「どっちが多いかな？　少ないかな？　同じかな？」と多少等を尋ねる、そういう調査をしています。

ある知的障害の診断を持っている中学生に、この課題に取り組んでもらった事例を紹介します。実は、いずれも幼児期の課題です。対象は中学生でしたが、発達段階が幼児期だと聞いていたからです。調査協力をしてくれたのは一五名でしたが、そのうち九名はたし算ができたり、かけ算ができたり、九九ができたり、筆算ができたり、一〇〇を超える大きな数まで知っていたりするという、すごいメンバーでした。結論を先に述べますと、そのように計算問題が解ける子どもたちにとって、とても簡単に思えるような幼児期の課題が非常に難しかったという結果でした。

具体的にというと三歳、四歳、五歳、六歳の子どもって、こんなふうに数えるスキルが発達していくわけです。例えばいちごを「一、二、三、四、五個」というように指を押さえて言葉を添えて数えられる段階から、手を使わなくても口で「一、二、三、四」っていわなくても、だんだんうまく、目だけで数えられるようになっていく。数えるスキルの熟達化には(自論では)4ステップあるわけですが、実は今回の中学生たちは、ステップ1で止まっていたという状況が伺えました。

多少等判断の課題も同様でした。「どっちが多いかな、どっちが少ないかな?」と聞く課題に、四歳、五歳くらいになると「一、二、三、四」と数えて「同じだね」とか六と数えて「こっちの方が多いよ」と答えてくれるんですが、今回の調査協力者の子どもたちは、数えて判断することが、ほとんどできなかったという結果になりました。

ピアジェの保存課題をご存知でしょうか。通常、小学生になるまでにできる課題だといわれていて、時々入学試験に使う小学校があると聞いたことがあります。赤と青のおはじきを使うのですが、最初は同じように揃えていて、ちょっと間隔を広げて「どっちが多いかな、どっちが少ないかな?」と子どもに聞きます。子どもは列が長くなっているけれども、小学生の手前になれば数としては同じだと判断できるようになっていきます。同じようにギュッと間隔が狭くなっても「青が少ない」と答えずに「同じ数だから同じです」と答えるようになります。見かけに惑わされずに数の次元で答えられるようになっていく段階に移行するわけです。そのような思考段階に到達するから、小学校での形式的な学習が可能になっていくと考えられます。ところが、今回の調査協力者の子どもたちは、一人を除いて、保存課題が不通過でした。

おやつに見立てたチップを配り分けるという課題も同様でした。なかなか配り分けるということが難しくて、「同じように喧嘩しないように分けてね」といった時、ちょっと誤差ができたりして、

「これじゃ、喧嘩するから同じようにしてあげて」とお願いしても「どうするのかな」と困ってしまう、フリーズしてしまうような取り組みの苦手さがうかがえました。

幼児期の子どもは、数がたくさんあるものを配り分ける、数える、どちらが多いか少ないか見比べてみる、といった活動を経験しながら大きくなります。幼児期の発達段階にある子どもたち、ましてや生活年齢が一二歳～一五歳の子どもたちですから、当然このような幼児期の活動は得意だと思っていました。簡単にできるだろうと予想していたんですが、全く逆だったという結果に驚きました。

エドワードという研究者は、教室で見られる子どもの知識を、「原理的知識」(principle knowledge)と「儀式的知識」(ritual knowledge)とに分けて説明しています。どちらも大事で、真に「わかる」ためには両方の知識が必要になると考えられます。私の理解ですが、「儀式的知識」は習得しやすく、「原理的知識」は目に見えない概念なので習得しにくい。先ほどの特別支援学校中学生の彼女彼らはおそらく、「儀式的知識」を覚えて、計算の手順を踏むことができるから、ひき算ができたり、かけ算ができたり、わり算ができたり、そういったことができるようになったのだと思われます。

計算の仕組みや計算の意味など本質的なことを理解していなくても、手順を踏めば答えに導かれる、そういう側面が算数にはあります。答えが出るので見かけ上には理解できていると思われますが、例えばかけ算とはどういうものなのか、かけ算の概念形成ができているかどうかは子どもの計算スキルを見ても分からない。「原理的知識」が欠けていると、実際にその計算スキルをどんな場面で活用していくべきか分からない、応用ができないということになります。

私は、「儀式的知識」に偏って勉強した結果が、先ほどの調査に表れたのかなと考えています。「原理的知識」は概念ですから、幼児期の数概念と結合しながらその上に形成されていくはずです。幼児期の概念形成が欠如しているのであれば、その上に「原理的知識」が形成されていくことは不可能です。おそらく、彼ら彼女らは「原理的知識」が欠如していて、だけど「儀式的知識」はあるから、いろんなことができるように見えてしまう。そういうことが起きているんじゃないかなと思います。

先生は「あ、ひき算できたね。じゃ、かけ算いこう」ってなってしまうのかなと。だけど子どもは「ひき算って何だろう？　今何をしているんだろう」と根本的にはモヤモヤしたまま、さっきの話でいう「あてずっぽうゲーム」のようなことになっているのかなと思います。

大人（先生）の「子ども理解」と、実際の「子どもによる理解の状況」が違うのだと思います。つまり大人は「原理的知識」もちゃんと身に付いているというように誤解をしていることが教室の中で起きていたのかなと思います。

実際にはこういう声がよく聞かれます。「知的障害があると子どもに算数を教えるのは難しい」と。今の調査結果を踏まえると、それはそうだろうなという感覚をもちます。幼児期における学習の土台がないまま、就学後の形式的なお勉強を始めているのですから。幼児期が空洞化したまま学校の勉強に突入しているということになっているのであれば、それは難しいでしょう。そういう「子ども理解」と「子どもの実態」がずれるからこそ、指導内容もずれていき、「指導が難しい」という声につながるのだと思います。

極端な話を聞いたことがあります。まだぎりぎり特別支援学級が特殊学級と呼ばれていた頃のお話です。ある中学校の特殊学級で数学の勉強に一年間取り組んできた一年生の男の子が三学期の終わりになった時です。なかなか理解が難しいということで、特別支援教育を専門にしていた小学校の先生が、中学校の担任の先生から依頼を受けて参観に行ったそうです。彼は中一の数学の教科書を使って勉強していたそうですが、彼の本当の理解は小学校二年生程度の水準だったそうです。中学生になったから単純に中学生の教科書で一生懸命勉強していたのでしょうね。理解の水準と取り組み内容にズレがあったことに気づいたのは一年が終わる頃でした。

その話を聞いた時は衝撃で、「子どもの一年を返してほしい」と他人事ながら憤慨した覚えがあります。ですが、それぐらい子どもの理解の実態を把握するのは分かりにくいことなんだろうと思います。

これは先生を責める気持ちではなくて、構造的に「ずれ」が見えにくかったり、捉え違いをしやすいのだと思います。そういう構造的な問題が起きているのに、未だに「知的障害のある子どもは知的機能や抽象化の力が弱いために算数の学習が困難である」なんて平気で専門書に書かれたりしています。「だから応用力もないいんですよ」と説明されていたりして、ちょっと暴力的だなと思ったりすることがあります。

とにもかくにも、「みんなが中学生の教科書を使って勉強しているからそうしよう」とか「算数はプリントで計算問題をするからそうしよう」というように、これまでのお勉強スタイルの当たり前が大前提にあって、先生は一生懸命子どもにそれを指導していく。子どもも先生の期待に応えようとして、どんどんできる姿を見せていく。先生はますます子どもにも期待をし、次のプリントを渡していく。先生に「沿い続ける」中に、子ども自身に本当に必要な学びが成立し得ない、そういう問題が起きているのではないかと思います。ではそういった問題をどうしたら問い直すことができるのでしょうか。

●「みんな同じ」という期待をどう問い直すことができるのか

私の結論は「子ども観を転換すること」です。子どもは、この世に生まれ落ちた瞬間から自力でいろんなことを探索するし、いろんなことを獲得していく。赤ちゃんを見ていたらそうですよね。口や手や足を使って、いろんな感覚を使っていろんなことを探りあてたり、動けるようになったら、あちこち冒険に出かけたり、二歳、三歳を超えるとこんな姿も出てくるんじゃないかなと思います。子どもって主体的に取り組むと結果としていろんなことを学んでいくし、本来、学びたがる存在ですし、そもそも学びってこういう形なのかなと思っています。子どもは有能な学び手なんだと思うのです。

私の関心に引き寄せて「数える」ということを具体例として挙げてみます。子どもって二歳、三歳ぐらいになると、お風呂で湯船に浸かりながら数の歌を歌ったりします。最初は「いちにいさんしいご」というように一つの呪文のようなことをつぶやきながら、やがて「いち・に・さん・し・ご」と数詞が分割されていきます。ですが、それで数えることが分かったかというとそうではなくて、数えるというのは、具体的に事物に数を対応させていく行為です。例えばいちごの一粒一粒に「いち」「に」と数詞をのせていく。「に」を使ったらもう「に」は使えないから「さん」にしなくちゃいけない。同じいちごに数詞を「に」「よん」と重ねづけしてはいけない。そういう「一対一対応」の原則があることを生活経験の中で学んでいきます。

また、数える時には数詞を唱える順番があります。一、二、三、四の次は五。五、六、七、八、九と続き、順番が予め決まっています。そういう順番のルールも子どもは学びます。

また、数える行為は集合数の把握という意味です。「いちご、いくつあるかな?」と尋ねられ、「一、二、三、一、二、三」しか言えない段階を経て、やがて「三個」と言えるようになっていきます。基数の理解です。数詞の順番はありますが、数える順番は自由です。いちごを右から数えてもいいし、左から数えてもいい。そういう「順序無関連」の原則もいつの間にか分かってきます。クローン・トルーパーの人形も全部で「四」だし、群れている子馬も「四」だし、幸せの四つ葉の葉は「四」だし、ラララソファと流れた音の一つひとつを数えても「四」です。形や色や大きさや素材、何もかも違っても個数「四」という言葉で括ることができます。このような「抽象性」の原則も子どもは次第に身につけていきます。

ゲルマンらはこのような「五原理」があると言いますが、「数える」を一つとってもいろんな側面があって、それを子どもたちは別に教え込まれることなく、経験を通して理解していきます。子どもの学びには、本来そういう性質があると思っています。

このように遊びや生活の中で学んでいく数の学習のことを「インフォーマル算数」と言います。就学以降の系統的な算数学習に対する概念で、非体系的で大人が特に教え込むことなく、子どもたち自身が生活の中で学んでいくわけです。もちろん大人は何もしないかというと、全くしないわけではなくて、子どもたちが数量に触れるような環境を整えています。保育園や幼稚園では環境を通して子どもの学びを支えています。それこそが学びの原型だと思いますし、子どもは有能な学び手なので環境さえちゃんと整っていたら、自ら学んでいける存在です。

それがうまくセットされていないと、「知的な発達の障害」になると私は考えています。「知的障害があるから知的能力がない」のではなく、うまく環境がセットされていないから、「学べる環境に無いから知的な発達の障害になる」のだと思います。

先ほどの話とリンクさせると、「ずれ」が起きているからこそ、うまくセットされにくい。幼児期の学びが必要なのに、「みんなやるものだから」と学校でプリントをやっていたりとか、あるいは幼児期の数概念は具体的な事象の中で身につけていくもので、本当は遊びや日常生活の具体的な活動の中で学んでいくものなのに、「みんな机で勉強しているから」と具体を切り離して脱文脈的に教え込もうとされる。そういうことが起きているのかなと思います。

学び環境にある障害を除去していく発想、幼児期の学びを保障していく視点が大事なのかなと思っています。そういう認識の転換と環境をセットすることの見直しが、これから大事になってくるのかなと考えています。それはその子自身の育ちにとってもそうだし、多様性を尊重する社会の実現にとっても、そうだなと思っています。

●障害の社会モデルと理解教育

障害を語る言葉が時代を超えていろいろ定義されてきた中で、ＩＣＩＤＨ（国際障害分類）、前の段階のモデルから、ＩＣＦ（国際生活機能分類）になったのは、すごくインパクトがあったと思いますし、大転換だったと思っています。機能障害があって能力障害があって、そして社会的不利につながるという直線的な見方をされていたものが、こういった障害の発生が個人の特性だけではなく、環境の影響が大きいんだということを示唆するモデルへと転換されたと言えます。障害が個人に固着したものではなく、環境の相互作用によって発生したり、時に取り除かれたり、また派生したり、流動的なものであるという考えが伺えるモデルです。つまり従来の「医療モデル」から「社会モデル」へ転換されたという意味で、大事な転機になったと思います。

生活上、困難を抱える個人を支えるという時に、困難が発生する要因はいろいろあります。多様だし、複雑だし、そういったことを総合的に多面的にサポートしていく必要があります。こういうことを考える思考の枠組みとしてＩＣＦの活用はすごく大事にされています。今、教育だけじゃなく、福祉医療、あらゆる専門職の共通言語として普及していますが、これからもここに立ち返るということがすごく大事になるのかなと思っています。

教育にもこの「社会モデル」が浸透しつつあると思うんですが、まだまだ難しいところも多いと感じています。障害理解教育の分野です。小学校や中学校では、障害理解教育という取り組みが実践されています。ただ、障害を前提にした障害理解教育ってたくさんあるなって思っていて、これは「社会モデル」ではないなと感じています。

例えば、障害理解教育の指導マニュアルがあって、レーナ・マリアさんという方がとりあげられています。スウェーデン出身のゴスペルシンガーで、出生時から両腕がなく、左脚が右脚の半分の長さという、一見すると不自由さを持たれた方です。ただ、いろいろな才能を持っていらして、パラリンピックのアスリートとして活躍もされたそうです。日常生活においても運転やお料理、お化粧などなどいろんなことが一人でできるそうです。私も小学校の授業を見せてもらったことがあって、子どもたちは彼女の人生からいろいろなことを学んでいました。

ただ、一方で「障害理解教育」ってこういう学び方ばかりでいいのかなと疑問を感じてもいます。特殊なすばらしい方のお話に触れて「障害を克服して頑張っている」という唯一のストーリーがすごく分かりやすく提示されていて、大人のイメージや先入観を子どもたちに持たせるようなことになっていないかなと懸念しています。

参観した授業で、子どもたちが「助けてあげたいと思いました」とか「周りの人が支援してあげることが必要だと思います」とか、そういった感想を発表していました。きれいなことだしすばらしいことだと思いながらも、「障害」「障害者」というものに対する一方的な理解、一方的な支援、一方的な優しさを強要していないかなという違和感をもちます。人として支援すべきことは理解されるかもしれないけども、人と人との関係を、果たして教えることができるのかなと感じたりしています。

また、「障害」概念や「障害児」と呼ばれる子どものことを直接教えるパターンの障害理解教育もあります。「特別支援学級に在籍するAちゃんには、こういう障害があってね、こういうふうに支援してあげてくださいね」と学習することです。こういう取り組みの中では、障害のある子ども、障害のある人というのは「いつも守られるべき存在」で「いつも教えられる存在」で「いつも理解されるべき存在」で「いつもお世話される存在」、そういった立場を生きることを強いられ続けることに繋がるのではないでしょうか。

でも「社会モデル」に立てば、障害というのは「互いの関係性」の中にあるんじゃないかなと思えるわけで、たとえば私が留学をしたとして、周りの人がみんな英語ができて会話についていけないという時、私は障害があるかというと、そうではなくて、会話が成立しないという、その空間に障害があるんだろうなと考えることができると思います。もしかしたら私だけしゃべれなくても、誰か日本語ができる人がいるかもしれないし、身振りで教えてくれる人もいるかもしれない。何かハンディがあってもうまくできるかもしれない。もちろんわかり合えないこともあるだろうし、もどかしさを感じあう経験もするかもしれません。

そういう障害って、その時のメンバーの相互作用で決まると思うし、お互いさまだし、そういう試行錯誤、もどかしさ、いろんな苦いことも踏まえた中で「多様性の尊重」とか「互いの理解」も生まれてくる。そういった感覚をもてることがむしろ必要なのかなと思ったりします。

今、学校の中で「インクルーシブな社会の実現」に向けて交流及び共同学習という取り組みもずっと積み重ねられています。いい実践もたくさんあると聞いていますし、逆に難しいなということも指摘されたりもしています。私は、妹が小学校の時に取り組んでいた「交流学習」の思い出が自分の中にあって、「交流学習」と聞くと何かアレルギーみたいなものを感じてはいます。学校の先生を批判したいのではなくて、やはりこれもキャンペーンになっているという点で構造的な難しさがあると感じています。

当時、妹が交流学習を行った日の連絡帳には先生からこのようなメッセージが書かれていました。「今日は体育の授業で交流に行きました。○○ちゃんと○○ちゃんが優しくしてくれました。よかったです」と。優しくされてうれしくないはずはないし、本人もまんざらではないと思うんですが、「何か変だな」とか「周りの子どもの優しさを引き出す道具じゃないぞ」とか、そういうことを感じてしまいました。理解を得ようというキャンペーンをはると、どうしてもこういう内容になってしまうのだと思います。

「交流及び共同学習ガイド」の中には「事前学習もしましょう」とか「事後学習もしましょう」と記

載されていて、「こういう内容をこういうふうに取り組みましょう」という方法も具体的に書かれています。障害のないとされる子どもたちは事前学習で「受け入れる」障害のある子どものことを学ぶわけです。だけど本当にこれでいいのでしょうか。事後学習では、「印象に残ったことや感想を作文に書いて、まとめ活動をしましょう。ビデオを撮ってもいいですし、写真を撮ってもいいですね。みんなで発表会をしましょう」。そのような取り組みが推奨されているようです。

一方的に理解されて、一方的に支援の仕方を学ばれて、運動会のようなイベント交流で終わって本当にこれでいいのでしょうか。結局、やっぱり特別な存在で終わるような気がします。

キャンペーンというかたちにすることのジレンマなのかもしれません。「ユニバーサルデザイン二〇二〇行動計画」が出されていて、「心のバリアフリー教育をしていきましょう」「資金を提供するので事業を募集します」「スポーツを通じて交流しましょう」と。もちろん大事だと思うし、いい取り組みもたくさんあるのだと思います。ただ、本当に大切なことって、もっと日常の中にあるような気がするのです。日常の中で多様性を尊重していく視点を忘れてはいけないなと思います。

ついつい忘れがちになりますが、「障害がある」といわれている中にも多様性があるし、「障害がない」といわれる人たちの中にも多様性があると思うんです。よく「障害は個性」と聞いたりしますが、私が自分の妹の姿を思い浮かべたりすると、彼女の個性は決して障害じゃないなと思うわけです。ユーモアもあるし、愛嬌もあるし、でも頑固だし、自分にも厳しかったりして、どの子にもその子らしさ、持ち味があると思うんですね。子どもだけではなく、先生も多様です。学び方とか学ぶ目標とか、いろいろあって本当はいいはずではないのかなと思います。いろいろなことが画一的に細かく決められすぎているほど誰かが排除される構造は変わらないのかなと、個人的には思っています。

現実問題では難しいだろうなと思うのですが、多様性という感覚、認め合うという文化をつくることを考えると、学校の役割は本当に大きいし、教育に対する期待ってものすごく大きいと思っています。だからこそ、そういう意味では今ある枠組みを問い直すことが必要になるのかなと思います。どのように問い直していくのか、インクルーシブ教育をどのように進めていくかについて「日本はハンディがある国だ」と指摘されています。『アメリカの教室に入ってみた』という本で神戸大学の赤木和重先生が書かれていています。アメリカは髪の毛の色とか肌の色とか体の大きさの違うさまざまな人が暮らしている。そもそも多様であることを実感しやすい社会であると。日本ももちろんそうなんですが、比較的多様性を感じにくい社会であると。そういう社会背景の違いがあるということでした。

赤木先生はシラキュースというアメリカのなかでもインクルーシブ教育が進んでいる地区に一年いらしたそうですが、その地区の「The New School」という学校を紹介されています。ここの地区にもいろんなインクルーシブ教育の形があるそうですが、この学校もまたインクルーシブの発想が日本と違うということでした。

とても小さな学校で、全校生徒が三〇人ちょっと。ユニークなのはクラスがなくて幼稚園の年長から中学校二年生までが同じ学校で異年齢で勉強する点です。四年生の誰々さんという風に学年で分けないんですね。二年生と六年生がペアになったり、三年生と五年生と幼稚園児がグループになったりとか、活動や時間割によっていろんなグループが組まれて勉強していく。時間割も一人ひとり違っていて、お勉強する内容も一人ひとり違って、その子一人ひとりに合わせて学ぶ集団が、ちょっとずつ変わっていくといった学校だそうです。「個別教育計画」を持っている子どもが二五％いるそうです。

赤木先生は在外研究でアメリカのその地区で一年、ご家族と住んでおられて、お嬢さんがやっと馴染んだ学校がここだったということをお聞きしました。一人ひとりが違いすぎるという中でもバラバラにならずに、グループを組んだりペアを組んだりして、つながりあって学ぶことを大事にしている学校だそうです。

文化的背景とか取り組みの違いを本のなかでグラフにして整理されていました。ひるがえって日本は今、どこに向かっているのかなというと、「みんないっしょ」「みんな同じ」（「sameness」）を目指すなかで、みんなのつながり（「relationship」）を求めているところに位置づけられています。さきほどの「The New School」は「そもそもみんな違う」（「difference」）から出発し、「つながりも大事」（「relationship」）にしています。ちなみに「individual」と「difference」が混在する学校もシラキュース地区にはたくさんあったそうです。

どれがいいかとか優劣があるかという話ではなく、バラバラに学ぶのがいいか、つながりあって学ぶのがいいか。あるいはみんな違うところから出発するのか。みんな同じから出発するのか。どこを目指しているのか、インクルーシブ教育のかたちが違うわけで、今、日本はどの方向に向かっているのかを理解する必要性はあると思います。

「みんないっしょ」「みんな同じ」というところを保ったまま、日本型の新しい教育の形を突き進めていくのか、あるいは違う方向に舵を切るのか、節目にきているのかなと思います。これから新しい学びの形をどうしていくのか、日本のあたりまえを問い直していく時期に来ているのだとも感じたりしています。いずれにせよ日本型のインクルーシブ教育が発展していって、子どもたちが生き生きと育つ姿であふれる学校が今以上にたくさん増えるといいなと思っています。そのために私はどうしていくべきか考えたいし、考え続けたいなと思っています。

私の話は以上です。ご清聴ありがとうございました。

（花園大学人権教育研究会第102回例会・二〇一七年十二月十三日）

広がる隣人との距離
――制度の狭間で見えなくなる困窮

花園大学人権論集㉕

二〇一八年三月二〇日　初版第一刷発行

編者●花園大学人権教育研究センター
〒六〇四－八四五六
京都市中京区西の京壺の内町八－一
TEL・〇七五－八一一－五一八一
E-mail・jinken@hanazono.ac.jp

発行●批評社
〒一一三－〇〇三三
東京都文京区本郷一－二八－三六　鳳明ビル
TEL・〇三－三八一三－六三四四
FAX・〇三－三八一三－八九九〇
振替・〇〇一八〇－二－八四三六三
E-mail・book@hihyosya.co.jp
http://hihyosya.co.jp

印刷
製本●モリモト印刷株式会社

●執筆者紹介

生田　武志――野宿者ネットワーク代表
鹿島　啓一――金沢税務法律事務所・弁護士
鍋島　直樹――龍谷大学文学部教授
川島ゆり子――花園大学社会福祉学部教授
＝地域福祉・コミュニティワーク・コミュニティソーシャルワーク
中尾　良信――花園大学文学部教授＝日本中世禅宗史
八木　晃介――花園大学名誉教授＝社会学・差別問題論
山口　真希――花園大学社会福祉学部専任講師＝発達心理学

ISBN978-4-8265-0677-9 C3036 ¥1800E　Printed in Japan